「艺术体育」
高校学术研究论著丛刊

全民健身的实用路径及保障体系构建

徐金庆 高洪杰 著

中国书籍出版社
China Book Press

图书在版编目(CIP)数据

全民健身的实用路径及保障体系构建 / 徐金庆,高洪杰著. --北京：中国书籍出版社,2020.7
ISBN 978-7-5068-7912-5

Ⅰ.①全… Ⅱ.①徐…②高… Ⅲ.①全民健身－保障体系－研究 Ⅳ.①G811.4

中国版本图书馆 CIP 数据核字(2020)第 132776 号

全民健身的实用路径及保障体系构建

徐金庆　高洪杰　著

丛书策划	谭　鹏　武　斌
责任编辑	成晓春
责任印制	孙马飞　马　芝
封面设计	东方美迪
出版发行	中国书籍出版社
地　　址	北京市丰台区三路居路 97 号(邮编:100073)
电　　话	(010)52257143(总编室)　(010)52257140(发行部)
电子邮箱	eo@chinabp.com.cn
经　　销	全国新华书店
印　　刷	三河市铭浩彩色印装有限公司
开　　本	710 毫米×1000 毫米　1/16
印　　张	17.25
字　　数	310 千字
版　　次	2021 年 1 月第 1 版　2021 年 1 月第 1 次印刷
书　　号	ISBN 978-7-5068-7912-5
定　　价	84.00 元

版权所有　翻印必究

目 录

第一章 全民健身概述 …………………………………… 1
 第一节 全民健身的概念、背景与内涵 ………………… 1
 第二节 全民健身的内容、分类与特征 ………………… 10
 第三节 《全民健身计划纲要》 …………………………… 17
 第四节 全民健身日 ……………………………………… 21

第二章 全民健身的发展与政策解读 ……………………… 24
 第一节 全民健身的发展现状与趋势 …………………… 24
 第二节 "健康中国"的提出 ……………………………… 33
 第三节 全民健身相关政策解读 ………………………… 37

第三章 全民健身的个人健身理论 ………………………… 56
 第一节 健身的学科理论基础 …………………………… 56
 第二节 健身疲劳的恢复 ………………………………… 67
 第三节 健身伤病的处理 ………………………………… 72

第四章 全民健身的学校健身路径 ………………………… 84
 第一节 学校体育与全民健身的协同发展 ……………… 84
 第二节 基础体能健身 …………………………………… 86
 第三节 健身操舞健身 …………………………………… 103
 第四节 球类健身 ………………………………………… 116

第五章 全民健身的社区健身路径 ………………………… 129
 第一节 社区体育的功能及市民健身特点 ……………… 129
 第二节 社区上肢健身器械健身 ………………………… 133

· 1 ·

第三节　社区下肢健身器械健身 ……………………… 140
第四节　社区腰腹健身器械健身 ……………………… 148
第五节　社区综合健身器械健身 ……………………… 153

第六章　全民健身的农村健身路径 ……………………… 163
第一节　农民群体与农村健身的特点 ………………… 163
第二节　武术与太极健身 ……………………………… 167
第三节　民俗节庆活动健身 …………………………… 194
第四节　民族特色体育项目健身 ……………………… 200

第七章　全民健身制度保障体系构建 …………………… 204
第一节　全民健身法治概述 …………………………… 204
第二节　全民健身法律性质及法律制度 ……………… 212
第三节　《体育法》与《全民健身条例》 …………… 216
第四节　全民健身工程的实施 ………………………… 219

第八章　全民健身组织管理体系构建 …………………… 224
第一节　当前我国主要体育组织及管理 ……………… 224
第二节　我国全民健身的科学化管理 ………………… 231
第三节　全民健身指导员队伍的建设与管理 ………… 241
第四节　全民健身活动组织的设施建设与改善 ……… 244

第九章　全民健身服务体系构建 ………………………… 247
第一节　全民健身服务现状 …………………………… 247
第二节　国民体质健康监测 …………………………… 250
第三节　全民健身服务体系的构建及运行 …………… 260

参考文献 ………………………………………………… 266

第一章 全民健身概述

当前,全民健身已经上升到国家战略地位的高度,全民健身的持续推进对运动者个人以及整个国家与民族的发展均具有重要的促进意义。随着我国社会经济的不断发展,人民生活水平的不断提高,人们对追求更高质量的生活有了更进一步的需求。全民健身活动能有效提高广大人民群众的健康水平和生活幸福感,符合广大人民的健康发展需求,具有持续推广实施的必要性。本章就全民健身的基本理论知识进行全面系统阐释,帮助人们更全面立体地了解全民健身的发展与开展。

第一节 全民健身的概念、背景与内涵

一、全民健身的概念

(一)健身

早在古代社会时期,不管是西方国家,还是东方国家,人们就认识到修炼身心、强健体魄的重要性。西方国家和东方国家的人们对健康的追求方式不同,东西方健身有着各自的一套完整的理论体系。

我国传统体育养生,又被称为"保生""卫生""养性""道生"等。养生一词最早出现在《庄子》内篇之中。养生中的"生"主要

是指生存、生命、生长之意;"养"主要是指补养、调养、保养之意。我国古代"养生"类似于现代医学所说的保健,具有健身的重要意义。

古代西方崇尚健康的人体美,古希腊奥运会就能很好地说明这一点。古希腊的体育教育从某种意义上说就是一种人体美的教育。在古希腊教育体系中,体育健身内容丰富,包括赛跑、角力、混斗、游泳、骑马等各类型的体育项目。古希腊人重视体育健身,这也是古代奥林匹克运动会在希腊诞生的重要原因之一。古希腊人对人体健康与健美的追求不仅表现在体育活动中,也表现在雕塑、建筑、绘画等艺术中。

1990年左右,"健身"一词才开始出现。此时,人们将健身理解为除了医疗相关手段之外,其他的一些为了更好地保证人体健康所采用的方法和手段,这些都属于健身的范畴。通过采用体育运动的方式来进行健身,即成为"运动健身""体育健身"。

近现代,我国学者对"健身"概念有不少研究。

林建棣指出:"健身这个命题的含义是建设人的身体,或健全人的身体,或增强人的体质。"(《体育健身指南》)

毕春佑认为:"健身的含义是建设人的身体或健全人的身体,也可以说是增强人的体质。"(《健身教育教程》)

朱金官认为:"健身指通过一定的身体锻炼来强健体质。"(《健身健美手册》)

钟南山院士曾提出:身体健康指身体各器官都没有病痛。这是对身体健康的生理方面的医学解释。

现代意义上的健身,是为了促使身体健康而进行的一系列有目的性的活动,既包含了古汉语中的"养生"的含义,也包含了"发展身体""增强体质"等词语的含义。

(二)全民健身

"全民健身"是"全国人民健身使其身体强健"的简称,它的提出旨在鼓励全国人民积极参与体育锻炼,以提高体育健身意识、增强身体素质水平。

1995年,我国颁布了中国首部《中华人民共和国体育法》(简称《体育法》),同年,为了更广泛地开展群众体育活动,增强人民体质,加强中国社会主义现代化建设,国务院颁布《全民健身计划纲要》。《全民健身计划纲要》中明确指出:"为了更广泛地开展群众性体育活动,增强人民体质,推动我国社会主义现代化建设事业发展,特制定本纲要。"其目的是引导全国人民积极参与体育锻炼,以增强"人民体质"。

当前,我国广大人民群众的健身意识强烈,健身热情高涨,已经逐渐形成了新时期具有"中国特色的大众体育"。具体包括以下内容:

(1)全民健身法规法律与组织。
(2)全民健身设施与资源。
(3)全民健身活动与内容。
(4)中国社会体育指导员、各类人群健身。
(5)全民健身效果评价。
(6)全民健身的国际借鉴。

二、全民健身的背景

(一)国际背景

国际范围内,关注大众健康是在20世纪50年代开始的。第二次世界大战以后,各国社会经济逐渐恢复,人们生活水平逐渐从战争状态中得以恢复。在生产生活得到基本保障的基础上,人们有了进一步的体育健身发展性需求。

1948年6月,联合国第一届世界卫生大会正式成立世界卫生组织,将每年的4月7日定为世界卫生日。

20世纪70年代以后,由发达国家开始,爆发了全球范围内对人类健康发展的激烈讨论。这一时期,国外发达国家的经济平稳、快速发展,民众闲余时间增多,再加上工业化和现代化快速发展,民众身体劳动减少,以及营养过剩和运动不足等原因,发达国家的文明病多发,健康问题由此受到关注。

20世纪80年代以后,国际间促进民众健康的交流与合作日益增多。

1985年,国际奥委会设立了"大众体育委员会"。

1986年,"世界大众体育大会"首次在德国法兰克福组织召开。

1989年,第11届世界健康大会在加拿大多伦多举行,有89个国家提出大众体育目标。

1990年5月,芝加哥举行世界大众体育健康与营养大会,这时,世界范围内发展大众体育的国家数已近100个。

1993年6月,国际奥委会和世界卫生组织签订双方合作备忘录,指出"双方合作的核心,是全民体育和全民健身"。

1994年,世界卫生组织参与"国际大众体育联合会"组织,并在第五届世界大众体育大会中提出"2000年体育为人人,健康为人人"的口号。

21世纪以来,人们健康问题更加得到关注,世界卫生日历年的主题大多都与健康密切相关(表1-1)。世界大众健身与健康问题日益普及。

表1-1 世界卫生日历年主题(2000—2019年)

年份	主题
2000	安全血液 从我开始
2001	精神卫生——消除偏见 勇于关爱
2002	运动有益健康
2003	创建未来生活 让儿童拥有一个健康的环境
2004	道路安全 防患未然
2005	珍爱每一位母亲和儿童
2006	通力合作 增进健康
2007	国际卫生安全

续表

年份	主题
2008	应对气候变化,保护人类健康
2009	拯救生命,加强医院抵御紧急情况的能力
2010	城市化与健康
2011	抗菌素耐药性:今天不采取行动,明天就无药可用
2012	老龄化与健康,口号是"健康相伴,活力常在"
2013	降压让生活更美好
2014	病媒传播的疾病
2015	食品安全
2016	应对糖尿病
2017	关注抑郁症
2018	全民健康覆盖:每一个人,每一个地方
2019	全民健康覆盖

近年来,世界卫生组织一直强调全民健康覆盖,并指出到2023年,计划全民健康覆盖新增十亿人。全球大众健身观念已经形成。

(二)国内背景

新中国成立以来,我国党和国家领导人一直都很重视体育事业的发展,从注重国民体质增强到重视竞技体育发展再到关注民生健康,推广全民健身,反映了我国体育发展重心的变化。

体育健身在我国社会大众中受到关注和普及与我国的社会经济发展大环境有着非常密切的关系。社会经济的发展促进了人民生活水平的不断提高,人们在满足日常物质需求之后有了更进一步的健身需求。

改革开放以来,我国国内的政治、经济、文化、体育等的发展都有了很大的改变。人民的生产生活方式、社会需求等也发生了很大的改变。

1984年,我国发布《关于进一步发展体育运动的通知》,指出我国未来体育发展的指导思想、主要任务和科学举措。

1995年3月,全国人大八届三次会议批准的《政府工作报告》提出:"体育工作要坚持群众体育和竞技体育协调发展的方针,把发展群众体育推行全民健身计划,普遍增强国民体质作为重点。"大众体育健身走入人民的日常生活。

1995年8月29日,我国颁布《中华人民共和国体育法》(简称《体育法》),以法律明确了人民的体育参与权利,我国体育进入法制社会发展时代。

20世纪90年代以来,我国经济快速发展,休闲社会逐渐发展,休闲对人们的日常生活产生了非常重要的影响,人民的休闲健身观念也日益增长,体育健身的文明休闲方式得到了推崇。

21世纪以来,我国体育事业的发展面临着良好的经济、社会发展环境和难得的历史机遇。国民经济持续稳步发展,群众生活水平显著提高,百姓对生活质量的要求有进一步的提高,参与体育健身活动的人数不断增多。

2000年,我国颁布《2000—2010年体育改革与发展纲要》,确定了未来十年体育产业发展与改革目标,强化了体育产业的地位。

2007年,中国共产党十七大报告提出要"广泛开展全民健身运动"。"全民健身"是开展全国体育工作的要求,是我国体育发展的重要指导思想。

2014年,《国务院关于加快发展体育产业促进体育消费的若干意见》指出,"将全民健身上升为国家战略"。

2016年,为进一步提高全民族的身体素质和健康水平,《全民健身计划(2016—2020年)》颁布实施,明确指出"全民健康是经济社会发展进步的重要标志,是全体人民增强体魄、幸福生活的基础保障"。

2017年,党和国家领导人在各重要会议和场合都提出,要更加关注民生、关注人民健康。党的十九大报告指出,"人民健康是民族昌盛和国家富强的重要标志。要完善国民健康政策,为人民群众提供全方位全周期健康服务"。

2019年,全民健身范围不断扩大,国务院办公厅印发《关于促进全民健身和体育消费推动体育产业高质量发展的意见》。全民健身与经济发展紧密融合,在促进广大人民群众健身与健康消费方面发挥着积极促进作用。

新中国成立以后,我国健身观念的逐渐深入,国家对全民健身的持续推广和加大发展力度。在新的历史条件下,我国先后实施多项法律和法规,确保人民群众参与体育运动,大众体育健身事业稳步向前发展。

为了进一步实现国富民强,我国积极发展群众体育,大力推广多元化的体育健身运动,实施全民健身计划,并结合我国大众体育健身的发展情况,不断调整全民健身计划的目标和方向。当前,我国大力发展全民健身,在政治、经济环境等方面都提供了最有利的支持。

三、全民健身的内涵

全民健身的内涵是非常丰富多元的,绝非仅仅是强身健体如此简单。随着全民健身上升到国家战略地位的高度,全民健身不仅在国民健康方面发挥了积极的健康促进作用,对社会、经济、文化等各个方面也具有重要的促进作用。全民健身的内涵不断丰富。

(一)强身健体,增强国民体质

全民健身活动开展之初在于鼓励广大人民群众积极参与体育健身活动,通过体育健身活动的参与来增强体质,提高身体健康水平。对于个人而言,坚持长期科学健身有助于增强个人的生态素质水平,促进健康生长发育,增强抵抗力,并有养生保健与疾病防治的重要作用。

对于整个国民群体而言,全体人民群众积极参与体育健身锻炼活动,有助于从整体上提高我国民众的身体健康水平,可增强民众的生活幸福感。全民健身鼓励和吸引人民群众参与到体育健身锻炼中来,满足了人们增进健康、消除身心疲劳、亲近大自然、调剂生活、陶冶情操、促进人际交往等要求,并且这些良好的体育健身作用都能有助于提高国民的整体素质。

全民健身在丰富大众生活的同时,增进了大众的身体健康,能有效增强国民身心素质,提高国民个人和整体竞争力。

当前,随着我国社会经济的不断发展,社会生活节奏快,人们面临着各种各样的压力(学习、考试、就业、工作、社交等),再加上饮食结构变化(快餐盛行,多脂多盐),高血压、心脏病、糖尿病、肥胖症等现代"文明病"高发,越来越多的人处于"亚健康"状态。全民健身有助于改善大众不健康生活方式与状态,可以增进大众健康。

(二)发展经济,助力产业发展

全民健身的持续推进能有效促进经济发展,其对经济发展的作用表现在以下几个方面:

首先,全民健身可有效增强国民体质,国民体质水平的提高意味着参加生产的劳动力群体(人力资本群体)的体质水平提高。随着我国全民健身计划的持续推进,大众健康意识和参与体育锻炼的观念逐渐得到了改善,大众健康水平也逐渐提高,越来越多的人开始为了缓解工作"过劳性"疾病开始健身,越来越多的人开始为缓解工作压力以更好地投入接下来的工作中去并提高工作效率而进行健身与放松。健身不仅能锻炼身体,还让生活与工作更有激情,劳动者的工作承受能力、工作效率也会得到大大的提高,这对整个国民生产力水平的提高是具有积极意义的。

其次,全民健身促进了个人的体育活动参与,也促进了商业健身市场的活跃与发展。个人健身的体育健身器材购置、体育健身休闲消费都刺激了体育产业的发展;商业健身与群众性体育竞赛的举办更有助于带动体育相关行业的发展,能极大地促进体育经济的发展。全民健身发展背景下,"花钱买健康"成为一种新潮休闲消费方式,人们不仅乐于选择更加偏向娱乐性质的体育项目,更希望拥有健康的体魄和完美身材。大众健身需求的不断扩大为我国大众健身经济的发展提供了广阔的市场发展空间,为了满足人们的健康需求,商业性健身俱乐部近两年如雨后春笋般出现。除了成人健身,青少年体育消费更是异军突起。各种体育类培训异常火爆,如跆拳道、棋类、球类、舞蹈类等,消费主力军就是青少年。

当前,全民健身风潮正劲。随着全民健身人口不断增多,广大人民群众的消费需求将不断扩大,直接促进了健身休闲业、用品业、服务业等业态的发展,同时,也带动了与体育相关的产业的发展,促进了体育与文化、旅游、教育、医疗等产业的跨界融合发展。

(三)丰富生活,促进社会和谐

近年来,随着物质生活的不断富足,广大群众对精神文化需求提出了更高的要求。大众健身已经成为一种新时尚。

在全民健身潮流下,男女老少的健身活动参与不仅使得个人受益,也使得整个社会文化环境更加和谐,国民精神生活水平有了显著的提升。

具体来说,全民健身对和谐社会的发展促进表现如下:

首先,全民健身可有助于形成社区与村寨健身文化,有助于丰富大众业余生活,促进邻里关系和谐。通过参与全民健身的普及与推广,可丰富大众体育文化生活,帮助人民群众建立一种健康、积极向上的生活方式,并结识志同道合的朋友。

其次,全民健身可增进家庭亲情关系,形成良好的家庭氛围。

最后,全民健身惠及全体人民群众,包括少数民族群众,不同民族之间的体育健身文化交流还有助于增进民族关系,促进各民族的相互理解与共同发展。

总之,全民健身倡导文明健康生活方式,丰富广大人民群众文体生活,有助于在在全社会营造积极向上的氛围。

(四)弘扬文化,传承民族瑰宝

我国民族传统体育作为在我国传承千年的体育文化,其健身体育价值观、健身传统文化、健身与节庆的结合等,都非常符合我国广大人民群众的认知。因此,民族传统体育是我国全民健身内容的重要组成部分。

在我国全民健身活动持续开展中,我国民族传统体育是人民群众参与最多的体育内容。这有助于弘扬我国民族传统体育文化,传承民族传统体育中的文化瑰宝。

此外,我国是一个多民族组成的中华大家庭,我国很多少数民族都有其优秀的民族传统体育文化,如民族武术、射箭、赛马、秋千、赛龙舟、打布鲁、抢花炮、毽球、陀螺、舞龙、舞狮等,这些民族传统体育运动项目深受广大少数民族群众喜爱,具有十分广泛的影响力。在全民健身战略的引领下,在体育部门的努力下,我国丰富多彩的民族传统体育项目在沿袭中传承文化,在推广中传递健康,在新时期散发出新的发展活力。

第二节　全民健身的内容、分类与特征

一、全民健身的内容

(一)大众健身

1. 个体体育健身活动

个人健身是指个体自主参与体育健身活动,通过体育活动参与增进自身身心健康,获得丰富的体育休闲深化、愉悦身心、促进身心健康发展。

目前,我国全民体育健身活动排在前10位的有长走与跑步、羽毛球、游泳、足篮排球、乒乓球、体操、登山、舞蹈、台球、保龄球、跳绳。

伴随着全面健身运动的不断深入发展，一些新的体育健身项目不断涌现，我国大众健身体育项目内容不断丰富，竞技性、娱乐性的项目，传统养生类的体育运动项目都有其固定的参与人群，且人群人口数量不断增多，有很多体育人口日常健身中从事多个体育运动项目。

2. 群体体育健身活动

据调查，在所有体育锻炼项目中，集体性健身活动参与最多的五个体育项目为：健身健美操，占52.0%；武术，占44%；秧歌，占43.1%；交谊舞，占33.3%；广播操，占23.3%。之后依次为羽毛球、气功、门球、网球。

伴随着全面健身运动的不断深入发展，一些新的大众体育健身项目开始出现。例如，太极柔力球，它将太极拳的技术和思想同羽毛球相结合，深受广大中老年健身人群的喜爱。再如，针对老年男子缺少锻炼项目的特点，上海市某一社区设计了一套老年拐棍操，其运动形式新颖、简单易操作，群众参与反映良好。

(二)商业健身

在我国全民健身事业发展如火如荼的情况下，体育健身市场发展态势良好，商业健身服务业(简称商业健身)市场广阔，竞争激烈。

商业健身与个人健身最大的不同点在于，个人健身是个人自发参与体育健身活动，自学、自练，而商业健身是由健身者进行健身消费，健身场所提供健身服务，提供专门的健身场地、器材，健身教练指导。

商业健身服务是大众体育的重要组成部分，其地位同公益性的大众健身事业是相辅相成的。

目前，我国商业健身充分迎合了上班族的健身需求，同时能对高消费层次人群的科学健身提供有效的、专业的指导和服务。

表现出以下特点：

(1)健身与健身服务目的为增强体质。

(2)参与锻炼者具有一定经济实力。

(3)健身者能得到及时的、个性化的、科学的健身指导服务。

(4)健身场地器材和健身环境较好。

(5)商业健身企业以营利为目的开展健身服务。

(6)参与健身的人需要投入相对较大的经济成本。

(7)商业健身者与企业对体育场地、器材、服务、环境要求较高。

调查显示，当前，我国商业健身活动项目和内容中，操类课程最受欢迎，排在第一位，其次有普拉提、动感单车、自由力量练习、跆拳道、有氧功率跑台等。高收入人群中，高尔夫运动参与人数较多。

(三)健身竞赛

体育竞赛的开展有助于扩大体育影响，使更多的人关注体育运动，增强体育意识，参与体育健身。

推广全民健身，并非是排斥竞技体育，二者发展并行不悖。在全民健身活动开展中，可以通过组织群众体育运动竞赛的方式，扩大体育运动影响，激发群众的体育参与积极性与主动性，有助于促进更多的人关注与参与到全民健身活动中来。

现阶段，通过组织竞赛促进我国大众体育发展已经成为一个重要的有效途径。目前，我国影响广泛的综合性健身赛事有"全国体育大会""民族传统体育运动会"等。单项健身赛事有全国门球比赛、全民健身路径的比赛、全国舞龙、舞狮比赛等。且我国大众体育竞赛各个年龄阶段的赛事都有。

借助于竞技体育赛事开展的良好势头，也可有效提升国民体育参与热情，如2008年奥运会的举办之后，我国体育人口在奥运会举办年以及之后几年的增长速度都是非常显著的。2022年，我国将举办冬奥会，近两年，冰雪运动健身走入大众日常生活，"带动 3 亿人参与冰雪运动"的愿望有望实现。

群众体育赛事能为我国全民健身营造一个具有良好氛围的体育健身环境。组织和开展群众健身竞赛是促进全民健身的一个重要和有效途径,也是全民健身的重要组成内容。

二、全民健身的分类

在各方的不断努力下,经过不断的发展,当前我国全民健身内容丰富、种类多样。依据不同的分类标准,可以将全民健身活动内容分为不同的种类,详见表 1-2。

表 1-2 全民健身的分类及内容

分类标准	全民健身内容
活动内容	球类、田径类、操类、舞类、武术类、游泳、体育游戏等
健身者性别	男性健身活动、女性健身活动
健身者年龄	少儿健身项目、青年健身项目、中老年健身项目
活动组织规模	个体健身活动、集体健身活动
目标优先级	体育休闲类(如滑雪、潜水、跳伞等)、休闲体育类(如球类运动)
体育消费	低消费健身、中等消费健身、高端消费健身
是否使用器材	无器械健身、轻器械健身、器械健身
运动强度	小强度健身、中等强度健身、大强度健身
健身范畴	广义的健身(包括锻炼活动、体质检测、运动竞赛等)、狭义的健身(身体锻炼活动)

三、全民健身的特征

(一)全民性

全民健身的主体是全体人民群众,这是全民健身的全民性最主要体现。

全民健身以广大人民群众为宣传和普及对象,坚持以人为本,惠及我国十几亿人口,保证保障公民平等参加体育的权利,让全体国民享受到体育的乐趣,人人都能够享有体育,人人都能从体育健身中受益。

(二)自愿性

自愿是人们参与全民健身所必须遵循的一个最为基本的原则,这也是全民健身的重要特征之一。

具体来说,任何人和任何组织机构不得强行安排个体必须参与体育运动,或要求健身者必须参与哪一项或者哪几项体育运动项目。即在参与全民健身活动方面,公民的行为不会受到任何人和人和手段的强制。

比较来说,全民健身的"自愿性"原则是与学校体育、军队体育的"强制性"原则相对提出的,在军队体育和学校体育中,军人和学生必须按照军队和学校规定参与体育活动锻炼、训练、教学,军人必须参加体育训练提高体能素质,学生必须参与学校的体育课程教学完成学习任务。全民健身则不具有这样的强制性,民众自愿参与。

(三)个体性

个体性是全民健身的一个重要的特点。个体参与体育健身的过程中结合个人实际选择体育运动项目、运动负荷、运动时间、运动频率等。

全民健身,每一个人都应该参与其中,但由于人与人之间身体条件、性别、年龄、锻炼基础都不一样,因此,体育健身参与要充分结合自身的情况和特点来进行,体现出个体特点。就不同年龄段的人参与体育健身来讲,老年人在追随年轻人走路时,如果运动负荷一样,老年人就会有一些力不从心,这是由于他们的年龄和身体条件客观因素所决定的。因此,参与健身活动一定不能"随大流",要结合个人实际突出个体性,健身要因人而异。

(四)广泛性

全民健身的推广与普及范围非常广泛,全体人民都能参与进来。无论年龄、性别、阶层、种族和民族等,任何人都能够被提倡和鼓励积极参与到全民健身中来。可以说,在人民群众体育参与性方面,没有任何一种文化形式能够与这种全民参与的群众性体育相媲美。因此说,全民健身表现出了最显著的广泛性。

(五)娱乐性

体育运动最初是从运动游戏发展而来的,体育运动参与具有娱乐性,全民健身是一种良好健身习惯与生活方式的群众性体育健身,有助于促进大众体育文化生活的丰富,是一种身心愉悦。

健身是人民群众参与体育的基本目标。全民健身活动的开展应该坚持健身性与娱乐性的统一,让人民群众在体育健身过程中享受到快乐、提升幸福感。

现代社会,社会竞争逐渐加剧,这使得人们不得不努力提高自己。在工作和生活之余,人们也利用自身的闲暇时间来进行"充电",不断努力地提高自身的素质。体育健身活动参与作为一种健康的、能有效缓解人们生活和工作压力,同时又能有助于提高人们生活幸福感与工作效率的活动,其活动的娱乐性彰显十分重要。如果健身内容和形式枯燥,缺乏吸引力,则不能吸引人参与其中。

全民健身的的娱乐性,对于激发具有健身欲望的潜在体育人口参与体育健身活动具有非常重要的促进作用。人民群众在自己的休闲时间参加各种体育健身活动,更重要的是一种放松,如果没有娱乐性,健身就会成为一种负担,就很难长期坚持。

(六)系统性

全民健身具有系统性,具体分析如下:

首先,开展全民健身活动,要关注增强人民体质的所有相关要素,如体质检测活动、体育文化宣传活动、运动中的社交活动、体育竞赛活动等。全民健身工作开展不应仅限于体育健身发展方面,还要与大众体育健身相关的其他很多行业发展都应结合起来,如此才能为全民健身的开展提供支持,全民健身才能持续推进。

其次,全民健身具有自愿性、娱乐性,但并不代表群众可以随意选择体育健身项目与运动负荷,健身必须要有计划、有目的,科学系统地开展,如此才能收到良好的体育健身效果。通过体育健身促进自我身心健康发展,必须要系统科学控制健身过程,这需要健身者不断提高自身体育素养,科学制订健身计划、科学控制健身运动负荷。锻炼计划是经过认真思考后所安排的具体的锻炼设计。有锻炼计划和无锻炼计划对锻炼效果是有重要影响的。

最后,个人科学的体育健身参与,全民健身的持续推进,需要有系统参考依据与标准。全民健身效果如何,需要检测,否则健身就难免具有一定的盲目性。因此,我国提出了对全民健身有重要参考与促进作用的国民体质监测计划,国民体质检测与大众健身活动息息相关。当前,我国大众体育健身活动、健身指导和体质测量仍然处在脱节的状态。长期以来,很多人参与健身缺乏必要的、科学的效果检测标准参考和程序,以及关于对锻炼效果的检测与评价。一些健身者一直注重的是对运动技术、速度、柔韧、力量、耐力、灵敏等的评价,忽视对健康体能的检测与评价,忽视对健康指标的选取,这是用竞技体育"指标"评价大众体育,是不对的。

无论是个人,还是整个国家,全民健身活动的持续开展和推进过程中必须要抓好每一个工作环节,任何一个环节出现问题或者发展不足,都不会收到良好的健身效果。

(七)科普性

科普性是全民健身的重要特点,也是推动全民健身持续发展的一个重要基础。全民健身是一个系统的工程,要实现这一工程,必然要加强对全民体育素养的培养,提高全民健身意识、提高全民健身相关科学知识和技能。

体育健身的最终目的是提高人民群众的体育科学素养,提高人民群众对体育科技的利用,从而获得传播效果。

如果没有科学体育观念、知识作支持,则个人和群体就不会形成体育健身意识和体育健身习惯。因此,全民健身需要全社会的密切配合与全面推进,要向广大人民群众传播正确的体育文化观念、知识、技能。

当前,我国人民群众的体育健身科技传播效果良好,据调查显示,15.5%的受众认为报纸传播的锻炼理论知识很易理解,11.8%的受众认为报纸传播的锻炼手段方法很易理解。可见,大众体育科技传播的"科普化"还需要有一个过程。

网络时代,全民健身的信息传播更加便捷、快速、广泛,政府部门和体育有关部门要充分利用好网络平台,积极传播正确的体育健身信息,同时加强网络信息监管,避免不健康、不科学的体育健身锻炼信息的扩散,要使人民群众都能认识到参与体育健身的重要性和必要性,并积极参与体育健身锻炼。

第三节 《全民健身计划纲要》

一、《全民健身计划纲要》的颁布

(一)"全民健身计划"设想的提出

随着社会主义市场经济体制的建立,体育界在不断深化改革的大背景下,开始关注群众体育并进行了新研究,有了新认识。

1993年4月,全国体委主任会议上,国家体委副主任徐寅生讲话指出:"各级体育行政部门必须转变职能……切实抓好群众体育工作;近期内国家体委拟与有关部委配合,准备实施'全民健身计划',把全民健身作为一项系统工程在全体国民中推行。"[①]

1993年5月24日,《国家体委关于深化体育改革的意见》颁发。其附件《关于群众体育改革》中指出:"全民健身计划是一项综合性的系统工程。"要求各体育行政部门要认真开展各项工作以保证计划的实施。

(二)《全民健身计划纲要》的拟定与颁布

20世纪90年代末,我国百姓社会生活与以往相比发生了显著变化,我国社会体育发展也正在面临着一个重要的转折发展时期,全民健身已经成为我国现阶段内群众体育运动发展的主要趋势和方向。

1993年5月,《国家体委关于深入体育改革的意见》正式提出要制订并实施全民健身计划。在国家体委群众体育司的领导下,天津体育学院社会体育科研所研究起草了《关于全民健身计划的框架构思》。

1993年12月10日,国家体委主任伍绍祖听取全民健身计划及社会体育科研所情况汇报时给予了全民健身计划框架构思的肯定。此后,先后多次征求体育系统内外的领导、专家、学者、基层工作者的意见,对《全民健身计划纲要》的草稿、修改稿、征求意见稿、上报稿进行了多达17次的修改。

1995年6月20日,国务院颁布了《国务院关于印发全民健身计划纲要的通知》。

国务院颁布实施《全民健身计划纲要》(以下简称《纲要》)的宗旨是"国家发展体育事业,开展群众性体育活动,增强人民体质"。主要目的是发展我国全民族的体育运动,增强人民体质,提高全民族的人口素质。

《纲要》的颁布,标志着我国国家体育总局第一期全民健身工程的正式开展。《纲要》是20世纪末和21世纪初我国发展全民

---

① 国家体育总局. 中国体育年鉴(1996)[R]. 北京:中国体育年鉴社,1999.

健身事业的纲领性文件。

在政府的推动下,我国的全民健身运动取得了较大的发展。随着人们生活水平的提高和余暇时间的增多,全民健身的范围与影响力不断扩大。

二、《全民健身计划纲要》的内容

(一)目标与任务

《纲要》的总体目标和任务的依据是"实现社会主义现代化建设第二步战略目标的要求"和"建立社会主义市场经济体制的要求"。

全民健身是一个长期系统的工程,需要长期不断的持续推进,《纲要》具有战略性,对全民健身做了阶段性规划。

《纲要》提出到 20 世纪末,"经常参加体育活动的人数都应有所增长,人民体质明显增强,群众参加体育活动的时间、体育消费额等逐步加大,群众体育健身活动的环境和条件有较大的改善"。

《纲要》提出我国全民健身的总体发展目标是"全面提高中华民族的体质与健康水平,基本建成具有中国特色的全民健身体系"。

(二)对策与措施

(1)将全民健身纳入国民经济和社会发展规划,以普遍增强人民体质为体育工作的重点。

(2)加强宣传工作,使全民健身计划家喻户晓。

(3)加强法制建设,完善群众体育竞赛制度。

(4)发挥运动竞赛的杠杆作用,完善群众体育竞赛制度,加强群众性运动会管理。

(5)形成社会化全民健身组织网络,发挥体育行业、协会、社团的作用,宣传和推进全民健身各项活动开展。

(6)建设社会体育骨干队伍。

(7)广开渠道,开发市场,加强群众体育基础设施建设。
(8)实施体质检测,加强科学研究。

(三)规划与步骤

《纲要》的基本实施思路分为两期工程,每期工程各分为若干阶段,具体参见表1-3。

表1-3 《全民健身计划纲要》实施步骤

阶段划分		目标
第一期工程 (1995—2000年)	第一阶段 (1995—1996年)	初步掀起全民健身热潮
	第二阶段 (1997—1998年)	形成崇尚健身、参与健身的社会环境和社会风气
	第三阶段 (1999—2000年)	建立具有中国特色的全民健身体系的基本框架
第二期工程 (2001—2010年)	第一阶段 (2001—2005年)	再经过10年努力,"把全民健身工作提高到一个新水平,基本建成具有中国特色的全民健身体系"
	第二个阶段 (2006—2010年)	

(四)《纲要》的延续

在1995年《全民健身计划纲要》的基础上,为持续推进全民健身工作的开展,我国先后颁布了"全民健身"系列政策。

2010年2月,国务院颁布了《全民健身计划纲要》第二期工程(2001—2010年)规划。

2011年3月,国务院颁布了《全民健身计划(2011—2015年)》。

"全民健身"系列政策与文件的颁布,为我国全民健身工作的持续不断地开展下去提供了重要的方向指导。

第四节 全民健身日

一、全民健身日的设立

为了满足大众日益增长的体育健身需求,同时,也为了纪念北京奥运会的成功举办,2009年1月7日,经国务院批准,自2009年起每年8月8日定为"全民健身日"(Fitness Day)。

2009年10月1日起施行的《全民健身条例》第十二条,积极肯定了将每年8月8日定为"全民健身日"的重要意义与健身日开展的重要性。

国家体育总局局长刘鹏指出"希望8月8日这一天,每一个人都能够在自己所在的地方,快乐、健康地从事体育健身活动"。全民健身日的设立是新时期适应人民群众体育的需求,是在全体人民群众中推广健身理念的需要,是促进全民健身活动开展的需要,也是对北京奥运会的最好纪念。

二、全民健身日标志与活动主题

(一)全民健身日的标志

"全民健身日"标志的设计者为殷茂臻。标志以8月8日中的两个"8"为主体,巧妙组合出两个极富动感和现代感的健身男女图形(图1-1),线条干净、简洁明了,色调以红色为主,彰显了运动激情,生动、形象且直观地向大众宣传健身的活力、朝气、乐趣,有助于鼓励大众积极参与到全民健身活动中来,促进自我健康发展。

图 1-1

(二)全民健身日的活动主题

从 2009 年至今,在每年的 8 月 8 日我国都会为推广全民健身理念与活动,设立健身活动主题,引导全国各地开展各种各样的丰富多彩的体育宣传活动(表 1-4)。

表 1-4　历年全民健身日活动主题(2009—2019 年)

年份	健身活动主题
2009	"天天健身,天天快乐" "好体魄,好生活" "全民健身,你我同行"
2010	"全民健身志愿服务大行动"
2011	"每天锻炼一小时、健康生活一辈子!"
2012	"每天锻炼一小时、健康生活一辈子!"
2013	"每天锻炼一小时、健康工作五十年、幸福生活一辈子" "每天锻炼一小时、天天都是健身日"
2014	"全民健身促健康 同心共筑中国梦"
2015	"全民健身促健康 同心共筑中国梦"
2016	"全民健身促健康,同心共筑中国梦" "我就是冠军"

续表

年份	健身活动主题
2017	"健身每一天,喜迎十九大"
2018	"新时代全民健身动起来"
2019	"健康中国 你我同行"

从2009年到2019年,全国健身日活动已经举办了整整十年,我国广大人民群众的健身意识得到了很大的增强,每年的体育健身人口不断增多,全民健身活动开展取得了良好的成效。

第二章 全民健身的发展与政策解读

全民健身的持续发展离不开政府的宏观政策引导。随着我国全民健身的持续推进,在全民健身的各项工作开展中,我国政府与体育相关部门遇到了很多问题,也进行了不断的探索研究。为了进一步促进全民健身的不断深化改革与持续开展,我国政府提出了一系列战略性决策与政策,为全民健身工作的持续开展提供了良好的宏观发展环境。本章重点就我国全民健身的发展现状与趋势进行研究,并就我国重大全民健身相关政策进行解读,以为进一步落实全民健身各项举措提供方向指导与启发。

第一节 全民健身的发展现状与趋势

一、全民健身的发展现状

(一)健身观念现状

从 1995 年首次推广"全民健身计划"至今,我国广大人民群众的健身观念和意识呈现出逐年提高的情况。

当前,全民健身工作开展已经有了二十多年的时间,人民大众普遍具有了参与体育锻炼的意识,能充分认识到体育健身的重要作用,体育健身人口持续不断增多。

(二)健身人口现状

1. 全民健身人口年龄结构分布

在人口结构上,我国全民健身的不同年龄阶段的人的参与情况不同。我国全民健身活动的开展过程中,参与主力人群仍然以青少年和中老年人为主,年轻人则忙于工作,很少有闲余时间参与体育健身锻炼。青少年的体育参与以学校体育为主,因为课业压力,自主可支配的体育健身时间非常少。中老年人有较多的闲暇时间参与体育健身锻炼,但缺少制订锻炼计划的意识和制订计划的技能。

2. 全民健身人口健身科学性认知

在我国体育人口中,绝大多数人都能充分认识到参与体育健身锻炼对增强个人体质、促进个人身心健康的重要性,但是,在体育健身上也存在不少误区。

调查发现,我国相当一部分健身人群对自身的体育健身锻炼目标认识不清。据统计,将竞技体育中的"更快、更高、更强"作为体育锻炼目标的占到40%,不了解的占到15%。这表明,对于全民健身目标和竞技体育目标的区别,群体中依然有很多人不了解。体育健身锻炼缺乏明确的目标,健身过程缺乏科学规划,很难获得理想的健身效果。

3. 全民健身体育人口体育信息获取途径

全民健身信息传播的最终目的是提高大众的体育科学素养,以有助于体育健身者科学健身。现阶段,我国全民健身的整体社会舆论环境和氛围总体来说非常好的。

调查发现,在20岁及以上参加体育健身的人群中,接受过体育健身方面指导的人数占比为48%,各有5%的人接受过专业教练、社会体育指导员的指导。整体来看,我国有不到50%的健身人群接受过指导,且多为非专业的指导,这说明我国大众体育健身缺乏有效指导。①

在传统媒体中,报纸和电视、广播是宣传全民健身信息的重要媒体。以报纸为例,调查显示,15.5%的受众认为报纸传播的锻炼理论知识很易理解,11.8%的受众认为报纸传播的锻炼手段方法很易理解,6.3%的受众认为报纸上传播的锻炼手段方法很实用,59.7%的受众认为报纸上传播的锻炼手段方法比较实用。广播与电视对社会大众的信息宣传普及度更高,在引导大众参与体育健身锻炼方面发挥着更重要的引导与指导作用。

当前信息时代,互联网在人们获取信息的多种途径中占据非常重要的地位,传统大众媒体也在不遗余力地重视和加强全民健身宣传。但是需要特别提出的是,当前信息发展已经进入网络自媒体时代,人人可在网上编撰、散布信息,一些网络平台和自媒体为了追求眼球效应和经济效益,会选择一些不科学、甚至错误的健身信息,或者夸大其词,这不利于大众形成健康的体育认知,还有可能误导大众。对此,必须进一步加强网络信息审查,以正确引导大众科学参与体育健身。

(三)健身路径现状

现阶段,我国全民健身活动整体发展态势良好,国家在全国体育基础设施建设上面也投入了大量的人力、物力与财力,进入21世纪的第二个十年和第一个十年相比,人民群众体育健身路径增长明显(表2-1)。

表2-1 我国第五次、第六次全国体育场地普查数据

指标	第五次 (2003年)	第六次 (2013年)	增长率(%)
全国体育场地总数量(万个)	85.01	169.46	99.34
全国体育场地总场地面积(亿米²)	13.30	19.92	49.77

---

① 高智,薛虎,朱礼才.试论互联网视角下全民健身需求发展的新路径[J].辽宁科技学院学报,2019,21(4):65-66.

续表

指标	第五次（2003年）	第六次（2013年）	增长率(%)
全国体育场地总用地面积（亿米^2）	22.50	39.82	76.98
全国体育场地总建筑面积（亿米^2）	0.75	2.59	246.33
人均体育场地面积（米^2）	1.03	1.46	41.75
每万人拥有体育场地数量（个）	6.58	12.45	89.31

注：数据来源自第六次全国体育场地普查数据公报

健身路径建设受经济因素影响较大，因此，虽然我国城镇与农村的健身路径岁均有逐年明显增长趋势，但城镇健身路径数量要远远多于农村地区。

在我国城镇，尤其是大城市，各种健身路径比较丰富，商业体育健身场所也比较多，基本能满足广大市民的体育健身需求。调查发现，大城市体育场地设施多、但大众健身利用率低。以广州为例，人均体育场馆资源较少，在公园、广场等公共健身场所，人均场地面积也没有达到国家规定的300米/千人标准。

在我国小城镇，体育设施和之前相比有了较大的改善，但是总体来说公益性的健身场所十分匮乏，不能满足人们更进一步的体育健身需求。

在我国农村地区，健身路径较少，往往一整个村庄只有一两处空地可供农民健身使用，这些空地上的体育健身器材和设施寥寥无几，通常只是一两个乒乓球台、两个篮球架，而且，健身人数不多，这些场地更多的时候是被作为农忙时候晒粮食作物的场地。总结来讲，农村地区本身健身路径就非常少，再加上我国农村地区人口多，人均健身路径要远远低于城镇。

(四)健身研究现状

改革开放以后，我国就非常重视全民健身、体育健身及其相关领域的研究，从2006—2017年的"全民健身"相关研究关键词检索发现，全民健身、群众体育、体育管理、民族传统体育、公共服务、体育文化、健康中国等均具有较高的出现频次。尽管这些词汇大多常见,并非新鲜词汇,但它们所代表的研究内容和主题历久弥新,仍然是现阶段全民健身研究的重要课题内容(表 2-2)。[①]

表 2-2　2006—2017 年全民健身研究热点关键词(前 20 位)

排序	关键词	频次	中心性
1	全民健身	284	0.49
2	群众体育	114	0.15
3	体育管理	61	0.46
4	民族传统体育	28	0.19
5	公共服务	23	0.04
6	体育文化	23	0.04
7	健康中国	21	0.07
8	公共体育服务	18	0.23
9	体育产业	17	0
10	体育经济	17	0.1
11	社会体育	15	0.1
12	体育教育	14	0.18
13	国家战略	14	0.05
14	社区体育	14	0.13
15	体育场馆	14	0.11
16	农村体育	9	0.07
17	竞技体育	9	0.07
18	体育政策	8	0.14
19	体育社会学	7	0.04
20	全民健身计划	7	0.03

---

① 黄喜燕.全民健身研究的知识图谱分析[D].成都体育学院硕士论文,2018:34.

二、全民健身的发展趋势

(一)进一步加强体育基础设施建设

开展全民健身活动,体育场地、器材等必不可少。这是体育健身的重要物质基础,如果缺少这一物质基础,则具体的体育健身活动就无法开展。

现阶段,我国体育场地设施建设情况表现为人均数量少、可用面积小,与体育发达国家相比还存在很大的差距。新时期,基础健身设施不足是影响我国全民健身进一步推广的重要制约因素,必须予以改善。

随着全民健身的不断深入人心,人们更加注重自己的身体素质的提升,乐于进行各种锻炼,体育健身场地短缺的问题将更加凸显。因此,未来,我国全民健身的一个工作重点就是要投入更多资金,充分考虑一般百姓从事体育活动的需要。这就需要社会各个方面的积极助力,包括政府、社会组织、个人等,应积极建设适合广大人民群众开展体育健身的基础性体育设施,积极地利用现有资源,增加体育场地设施建设,加强对现有的体育场地、设施进行优化管理,提高各项体育资源的利用率,以缓解当前和未来我国体育锻炼设施不足、锻炼场所狭小的问题,不断地完善体育基础设施。[1]

(二)不断提升全民健身的文化内涵

要持续推进我国全民健身各项工作的开展,引导广大人民群众积极参与到全民健身活动参与中来,就需要大力宣传体育健身知识,不断提高广大人民群众的体育知识储备、技能储备与体育

---

[1] 王德民,林连杰,李伟.全民健身下城市居民户外体育锻炼现状及对策研究[J].西部皮革,2019(16):85.

文化素养，如此才能使得广大人民群众能积极主动地参与到健身锻炼中来，以不断增强自身的身心素质发展水平。

对于个人的体育健身动机的形成与对健身行为的促进作用来说，只有个人充分认识到体育健身的重要性、必要性，才能从主观方面积极参与体育健身活动。这种主动性是个人的主观意识的推动，可以促进个人长期坚持参与体育运动。

对于个人对体育价值的认知来说，体育的精神文化价值是其中非常重要的一个价值。体育价值主要由核心价值和外围价值两部分组成。前者比较稳定，后者比较松散。一般来说，吸引力、说服力较强的核心价值越能够使整个价值体系更加稳定，个人的体育知识越丰富，越能充分认识到体育健身的价值，也就越能主动、科学、坚持参与全民健身活动，并能主动宣传全民健身文化。

对于个人的体育文化认知来说，全民健身是全世界关注大众健康的具体表现。在我国的各种体育文化形态中，有很多体育运动项目从西方国家引进，如被誉为我国"国球"的乒乓球运动，以及我国在世界运动中竞技水平较高的体操、跳水、排球运动。西方体育文化强调"竞争"，东方体育文化强调养生、保健，强调"天人合一"，强调"天行健，君子以自强不息"。在全民健身活动持续不断推进中，不断提高社会大众对我国传统体育文化与西方竞技体育文化的认知，有助于增强我国人民群众对民族体育文化的认同与热爱。全民健身是能促进身心健康发展的体育活动，同时，它又不仅仅涉及体育活动的生理参与，通过体育健身活动参与人们还可以了解丰富多彩的体育文化。我国民族传统体育历史悠久、内容丰富，在我国人民群众间具有广泛的群众基础，鼓励广大人民群众参与我国民族传统体育健身活动，能促进人民群众积极参与体育健身，并在健身中传播、传承体育文化。

总之，全民健身的持续推进，不仅强调大众的身体与技能参与，更要从精神、价值层面不断丰富大众的体育文化素养，及对全民健身与体育文化的深层次的精神与文化认知,才能从根本上促进全民健身的发展,这是新时期全民健身持续开展的重要内在推动力。

(三)进一步落实各项全民健身政策

全民健身是一项宏观系统工程,需要政府的引导与社会各界的支持。近年来,为推动全民健身的持续不断推进,我国先后颁布实施了一系列的体育健身政策与体育发展政策,这对于我国当前和未来一段时间的全民健身活动开展具有重要的政策引导与指导作用。这些政策无疑是有利于我国全民健身的进一步深化发展的。

从中央到地方,在全民健身政策的开展落实过程中,由于不同的地区的经济、文化、教育等发展水平不同,因此,在全民健身的相关政策的落实过程中,可能会遇到各种各样的问题。各级政府部门和体育部门要积极想办法,抓好全民健身各项政策的具体落实,将有利于全民健身发展的惠民政策真正落到实处,真正实现全民健身的稳步、持续发展。

(四)坚持以全体人民群众健身为本

新时期,"以人为本"是体育发展的重要指导思想。人类在体育活动中一次次向自身极限发起挑战,以获得功利和其他回报,这种情况下的体育,更多的是作为一种人们获取某些利益的手段和工具。全民健身中的体育旨在促进人民群众的身心健康发展、增强国民体质,不具有功利性。

人是体育的主体,同时也是体育的客体,这里的客体主要是指人参与运动的身体,体育运动能够使人强身健体,培养人开放、竞争的良好性格,促进社会交往,实现全面发展目标。要在当前和以后持续推进全民健身各项工作的开展,必须要坚持以全体人民群众的健身、健心为根本,必须始终坚持围绕"人"这一中心的指导思想来开展每项体育工作,使人的价值和追求能够通过全民体育健身路径得以实现。

值得一提的是,全民健身在不同的阶段表现出不同的时代特点,这是因为全民健身与社会文化、经济、体育等的发展具有非常密切的关系,容易受这些因素的影响并作用于这些因素。全民健身在发展之初,民众的体育项目选择多为西方竞技体育运动项目,只是在技术层面不要求技能的一味提高。随着越来越多的新兴体育运动项目的出现,一些小众体育运动项目变为流行体育运动项目,备受体育运动爱好者欢迎,也吸引了相当一部分大众健身人群,如攀岩、独轮车、轮滑等。近年来,随着我国2022年北京—张家口冬奥会的申办成功,冰雪运动越来越受到关注。但全民健身推广不是体育健身的"随大流",而是真正从个人体育发展需求入手,从我国的基本国情出发,从每一个人民群众的体育健身需求出发,因时制宜、因地制宜、因人而异地推广和开展体育健身活动。

(五)注重多样化的体育人才的培养

多样化的体育人才的培养是新时期进一步持续推广全民健身需要做的工作。全民健身的持续开展,离不开如下几种人才的培养:

(1)政府体育统筹管理人才。

(2)市场体育经营运作人才。

(3)基层体育健身指导、组织、管理人才。

(4)体育研究人才。

(5)民族体育文化传播、传承人才。

在全民健身的持续发展中,我国将在全民健身相关人才培养方面花费更多的心力和财力。具体来说,人才培养,应尽可能发挥高校、社会组织、企业等社会力量的作用,构建联动机制,有效协作,合力培养各类体育人才。

(六)追求个人与社会的和谐发展

全民健身有助于促进社会大众的身心健康发展。我国全民健身工作开展到现在已经有了二十多年的时间,全民健身的内涵在不断丰富,它不仅仅是指广大人民群众的参与,同时它的发展也关系到整个社会的政治、经济、文化发展。

在我国全民健身各项活动开展过程中,每一个参与到全民健身活动中来的人,都会不可避免地与人交往,而交往中伴随着合作与竞争。在全民健身活动开展过程中,尽管人民群众所参与的体育运动的规则和技术要求与竞技体育运动有很大的不同,但体育运动的基本规则意识和精神内涵是不变的,通过全民健身,有助于社会规则意识和道德规范的在大众中的渗透。因此说,全民健身的参与对于个人来说不仅是一种体育,也是一种智育和道德教育,有助于促进社会精神与文明的发展。

全民健身的功能是多元化的,促进人的发展是全民健身最直接、最根本的作用。在此基础上,全民健身还有助于促进人与社会的和谐发展。

全民健身作为具有中国特色的群众健身工程,必将与中国特色社会主义和谐社会的建设有机结合起来,促进人与社会的和谐发展。

第二节 "健康中国"的提出

"健康中国"的提出与习近平主席中国梦的思想一致,"人民幸福"是中国梦的基本内涵和范畴,"全民健身"是实现身体健康和实现幸福生活的重要内容。[①] 全民健身是健康中国建设

---

① 于永慧."全民健身"与"健康中国"的理论阐释和政策思考[J].北京体育大学学报,2019,42(2):26.

的战略基础、有力支撑。"健康中国"的提出将全民健身纳入其中，二者相互促进与融合，在新时期真正为人民群众的健康生活与幸福生活谋划，为我国富国强民与实现民族伟大复兴奠定健康基石。

一、"健康中国"提出的背景

新中国成立以后，我国社会各个方面都有了一定的发展，国民健康水平也在不断提高。

改革开放以来，我国社会经济发展迅速，卫生健康事业获得了长足发展，广大居民的健康水平有了很大提高。

但是也必须认识到，随着工业化、城镇化、人口老龄化进程的加快，我国居民对生活水平有了更高的要求，国家也有了关注民生、解决民生问题的能力，各种民生健康问题受到广泛关注与重视。

在当前快节奏社会生活和民众饮食结构、生活方式、工作方式、出行方式等都发生了很大改变的情况下，各种慢性病、文明病、不良休闲方式、不健康生活方式导致疾病高发、人民体质普遍下降。为普及健康知识、增强人民体质、提高人民健康生活水平与生活质量，我国构建健康中国的需求十分强烈。

2008年，为积极应对我国主要健康问题和挑战，卫生部启动"健康中国2020"战略研究，对我国健康事业发展做了全面分析。包括总报告和以下6个分报告。

(1)《促进健康的公共政策研究》。

(2)《药物政策研究》。

(3)《公共卫生研究》。

(4)《科技支撑与领域前沿研究》。

(5)《医学模式转换与医药体系完善研究》。

(6)《中医学研究》。

"健康中国 2020"战略研究提出"健康中国"战略思想,为"健康中国"政策的推出提供了决策参考和建议。

二、"健康中国"的正式提出

2015 年 10 月 29 日,中共中央发布了《中国共产党第十八届中央委员会第五次全体会议公报》公报。在医疗健康领域,明确了推动"健康中国"的以下五大战略:

(1)建立更加公平、更可持续的社会保障制度。

(2)深化医药卫生体制改革,实行医疗、医保、医药联动。

(3)实施食品安全战略。

(4)促进人口均衡发展,全面实施"两孩"政策。

(5)积极开展应对老龄化行动。

2016 年 8 月 19 日至 20 日,全国卫生与健康大会在北京召开,国家主席习近平出席会议并发表重要讲话,指出"人们常把健康比作 1,事业、家庭、名誉、财富等就是 1 后面的 0,人生圆满全系于 1 的稳固"。习近平在会上提出"要把人民健康放在优先发展的战略地位","推动全民健身和全民健康深度融合","把以治病为中心转变为以人民健康为中心"。

"健康中国"是对 2016 年全国卫生与健康大会讲话内容的重要和高度概括,目的在于为实现"两个一百年"奋斗目标、为实现民族复兴奠定健康基础。"健康中国"具体包括以下内容:

(1)健康是促进人的全面发展的必然要求,是社会发展的重要基础。

(2)推进健康中国建设,要坚持中国特色卫生与健康发展道路。

(3)坚持正确的卫生与健康工作方针,"将健康融入所有政策","人民共建共享"。

(4)坚决贯彻预防为主方针,减少人群患病。

(5)重视少年儿童健康,全面加强学生卫生与健康工作。

(6)重视重点人群(妇幼、老年人、流动人口)健康。

(7)倡导健康文明的生活方式,树立"大卫生""大健康"观念。

(8)加大心理健康研究、科普与服务工作。

(9)切实解决影响人民群众健康的突出环境问题,建设健康、宜居、美丽家园。

(10)贯彻食品安全法,完善食品安全体系。

(11)牢固树立安全发展理念,健全公共安全体系。

(12)深化医药卫生体制改革。

(13)振兴中医药,促进中西医协调发展。

(14)完善人口健康信息服务体系建设。

(15)积极参与国际上健康的相关研究和谈判。

2017年10月18日,习近平总书记在党的十九大报告中指出,实施健康中国战略。党的十九大报告中,习近平主席明确提出,中国特色社会主义进入了新时代,要"不忘初心,牢记使命","决胜全面建成小康社会",坚决贯彻和实施"健康中国战略","为人民群众提供全方位全周期健康服务"。

三、"健康中国"的行动部署

为了持续推进"健康中国"政策的开展,我国先后颁布了多个文件来积极落实"健康中国"各项工作的开展。

2016年10月,中共中央、国务院印发了《"健康中国2030"规划纲要》。

2019年7月15日,国务院印发《国务院关于实施健康中国行动的意见》,强调从国家层面成立健康中国行动推进委员会,制定印发《健康中国行动(2019—2030年)》。

2019年7月15日,国务院办公厅印发《健康中国行动组织实施和考核方案》,指出要建立健全组织架构。

上述一系列政策与措施的出台与实施为未来中国的健康、持续发展指明了方向与具体发展措施。

第三节 全民健身相关政策解读

一、体育规划制度

(一)体育发展规划

2006年的《体育事业"十一五"规划》,要求深化体育改革、进一步完善了体育体制和运行机制。

"十二五"时期,是我国社会科学发展、和谐发展的关键时期,是建设体育强国、推进体育事业实现新发展、新跨越的重要阶段。为促进我国体育事业的全面持续发展,2011年,国家体育总局颁布实施《体育事业"十二五"规划》,强调加快发展体育产业,增强体育产业竞争力,明确了新时期我国体育事业要朝着服务民生、完善体育公共服务体系、发展特色体育产业等的方向发展。

为促进我国体育全面协调可持续发展,努力实现体育强国目标,充分发挥体育在建设健康中国等方面的独特作用,2016年,国家体育总局颁布实施《体育发展"十三五"规划》,明确未来五年体育人口、体育基础设施、体育产业规模发展目标。

2016年,《青少年体育"十三五"规划》颁布实施,要求加强青少年体育、发展体育人才、建设体育强国。

(二)体育发展制度

近年来,我国重视体育产业的发展,体育产业在国民经济发展中的地位不断得到肯定,并且国家也支持和促进体育作为新的经济发展推动力,来从各个方面带动我国经济的发展。

体育事业的发展对全民健身具有重要促进作用。从体育制度的颁布与实施来看,体育制度能在全社会层面增强社会大众对体育的关注与重视,增强国民体育参与意识。

总体来看,我国的体育发展制度包括两大类,即正式制度层和非正式制度层(图 2-1)。体育产业发展相关制度与全社会的体育价值观念、体育伦理规范、体育道德观念、体育风尚习惯、体育意识形态相互影响,共同促进了体育事业在经济领域的发展和在大众领域的发展。

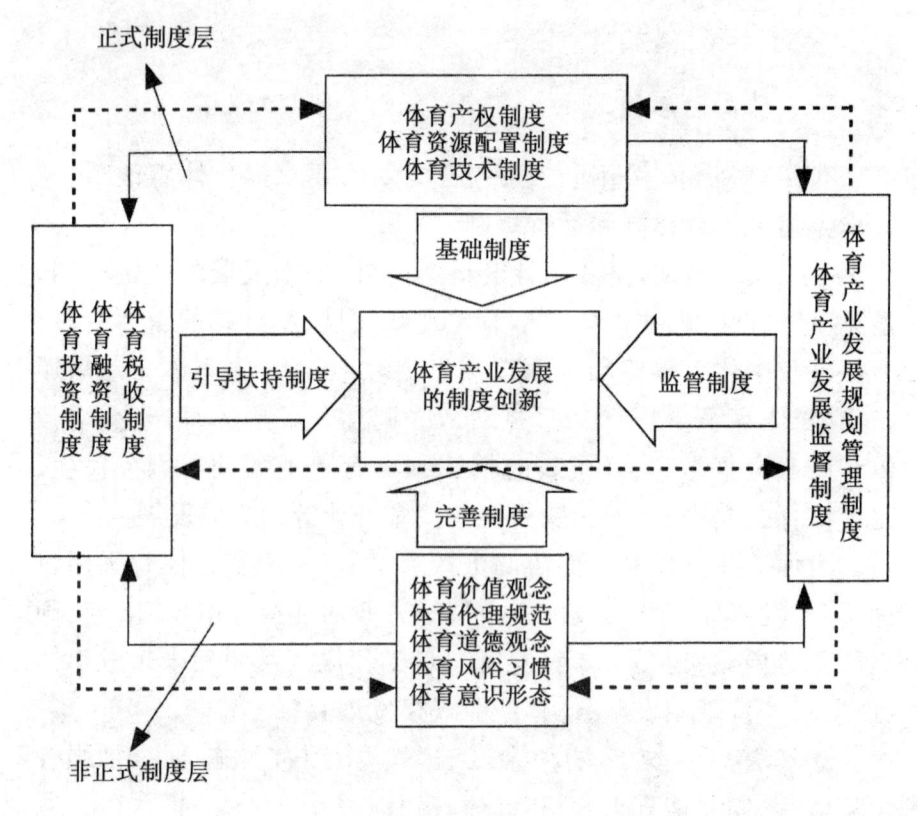

图 2-1

二、全民健身系列政策

(一)《全民健身计划纲要》(2001—2010 年)

从 1995 年我国最早颁布实施《全民健身计划纲要》,到进入 21 世纪,我国全民健身的大众体育健身观念已经初步形成,结合具体文件内容,"全民健身"第一期工程预期目标已经达到,中国特色全民健身体系框架初步形成。

《全民健身计划》作为推动全民健身事业发展的一个重要指导性文件,为我国全民健身工作开展提供了重要指导。经过我国实际的全民健康工作的推动和不断探索,我国不断对全面健身计划进行补充和完善。

为实现未来10年我国经济建设与社会发展的远景目标,实现《2001—2010年体育改革与发展纲要》要求,国家颁布《全民健身计划纲要》(2001—2010年),揭开了"全民健身"第二期工程的帷幕。

1. 目标

《全民健身计划纲要》(2001—2010年)的目标具体如下:

(1)经过10年努力,实现全民健身、国民经济、社会事业的协调发展,全面提高国民身体素质,基本建成具有中国特色的全民健身体系和面向大众的体育服务体系。

(2)群众体育普及程度明显提高,全社会体育意识普遍增强。

(3)体育人口增加至占总人口的40%左右。

(4)人均体育场地面积显著提高。

(5)城乡健身体育设施有效改善。

(6)体育指导站(中心)明显增多。

(7)社会体育指导员数量达到65万人以上。

(8)青少年课外体育活动阵地有较大发展。

(9)群众体育管理体制逐步完善。

2. 措施

(1)强化有关部门推行全民健身计划的职责。

(2)各级体育行政部门把推行全民健身计划作为工作重点。

(3)加强青少年体育工作。

(4)加强农村体育工作。

(5)加强城市体育工作。

(6)关注老年人、残疾人体育。

(7)倡导民族传统体育。

(8)重视军队体育。

(9)加大全民健身宣传力度。

(10)开展"五个亿万人群"(亿万青少年儿童,亿万农民、亿万职工、亿万妇女、亿万老年人)健身活动。

(11)推进群众体育科技进步,加强全民健身研究与服务工作。

(12)加强体育指导站(中心)建设。

(13)加快培养社会体育指导员。

(14)加快体育健身场地设施建设和开放。

(15)加强相关法规建设。

(16)增加全民健身资金投入。

(17)继续利用体彩公益金服务全民健身。

(18)施行国民体质监测制度。

(19)加大对西部地区和经济落后地区的全民健身扶持。

在"全民健身"第一期工程目标完成的基础上,《全民健身计划纲要》(2001—2010年)为我国进入21世纪第一个十年中持续推进全民健身活动开展,以进一步增强人民体质,适应我国社会主义现代化建设的需要提供了方向与措施指导。

(二)《全民健身计划(2016—2020)》

新时期,为了更好地适应当下我国社会发展和满足人民群众的健身需求,并为继续推进我国全民健身的发展,《全民健身计划(2016—2020年)》应运而生。

2016年6月,国务院通过并颁布实施了《全民健身计划(2016—2020年)》,为我国此后五年的全民健身活动开展提供了明确指导意见和目标,为新时期的全民健身新时尚、建设健康中国等一系列全民健身工作内容作出了具体部署,明确指出要"深化体育改革、发展群众体育、建设健康中国"。

1. 目标

《全民健身计划(2016—2020年)》指出,到2020年,全民健身工作开展应实现如下主要目标:

(1)群众体育健身意识普遍增强。

(2)体育锻炼人数明显增加,每周参加1次及以上体育锻炼的人数达到7亿,经常参加体育健身的人数达到4.35亿。

(3)群众身体素质稳步增强。

(4)全民健身的教育、经济和社会等功能充分发挥,体育消费总规模达到1.5万亿元。

(5)建立建成与小康社会相适应的全民健身公共服务体系。

2. 措施

围绕全民健身,做好以下工作:

(1)完善工作机制。

(2)加大资金投入。

(3)建立评价体系。

(4)创新激励机制。

(5)强化科技创新。

(6)加强人才队伍建设。

(7)完善法律政策保障。

"全民健身计划"系列文件的推出,对国家健身事业的发展和国家未来各方面的发展具有重要的促进意义。

三、全民健身相关政策

(一)《"健康中国2020"战略研究报告》

2012年8月17日,在"2012中国卫生论坛"上,卫生部部长陈竺代表"健康中国2020"战略研究报告编委会发布了《"健康

中国2020"战略研究报告》。报告提出,到2020年,应实现以下10个目标:

(1)人均寿命达到77岁,5岁以下儿童死亡率下降到13‰。

(2)增进社会卫生公平。

(3)健全医疗保障制度。

(4)控制慢性病蔓延和健康危险因素。

(5)强化传染病和地方病防控。

(6)确保食品药品安全。

(7)依靠科技发展医药。

(8)继承创新中医药。

(9)发展健康卫生产业。

(10)履行政府健康职责。

"健康中国2020"战略研究的提出非常及时,为新时期的全民健康发展提供了重要决策参考。

(二)《"健康中国2030"规划纲要》

2016年8月26日,中共中央政治局召开会议,制订通过《"健康中国2030"规划纲要》,之后在10月25日由中共中央、国务院正式发布《"健康中国2030"规划纲要》(以下简称《纲要》)。该文件明确提出,"发展群众体育产业,促进全民健身与全民健康的深度融合"。

《纲要》为"健康中国"建设的持续进行提供了新的参考,并设以专门的章节更新全民健身,足以突现其重要性,赋予了全民健身新的内涵与社会意义。

1. 战略意义

(1)新时期,中国特色社会主义进入新时代,社会矛盾发生了明显变化("人民日益增长的美好生活需要和不平衡不充分的发展之间的矛盾"),这一时期,实施《纲要》是贯彻落实党的十八届五中全会精神的重要表现。

(2)《纲要》的颁布实施有助于进一步推动我国全面建成小康社会、加快推进社会主义现代化进程。

(3)《纲要》的颁布实施,是我国积极参与全球健康治理、履行我国对联合国"2030可持续发展议程"承诺的重要举措。

2. 战略主题

(1)"共建共享"

"共建共享"是建设"健康中国"的基本路径。

"共建",要求统筹社会、行业和个人三个层面,形成维护和促进健康的强大合力,人人参与、人人尽力。

"共享",强调健康中国建设的所有成果应人人享有。

(2)"全民健康"

"全民健康"是建设"健康中国"的根本目的。建设"健康中国",必须要立足全人群和全生命周期两个着力点。

"全民"是指全体国民,每一个中华人民共和国的国民都能受惠,同时,重点关注特殊人群的健康服务,重点解决好妇女儿童、老年人、残疾人、低收入人群等的健康问题。

"全生命周期"是指从出生到死亡,人的一生的健康都应该被纳入国家健康服务体系,确保广大人民群众能有健康的人生和高质量的生活水平。

3. 战略目标

建设"健康中国",《"健康中国2030"规划纲要》指出了三个阶段的目标(图2-2)。

2030年,健康中国建设将到达一个关键性的时期,到2030年重点完成五个方面内容的工作(表2-3),并对各方面内容的实现制订了具体的完成指标(表2-4)。

2020年 建立覆盖城乡居民的中国特色基本医疗卫生制度，健康素养水平持续提高，健康服务体系完善高效，人人享有基本医疗卫生服务和基本体育健身服务，基本形成内涵丰富、结构合理的健康产业体系，主要健康指标居于中高收入国家前列。

2030年 促进全民健康的制度体系更加完善，健康领域发展更加协调，健康生活方式得到普及，健康服务质量和健康保障水平不断提高，健康产业繁荣发展，基本实现健康公平，主要健康指标进入高收入国家行列。

2050年 建成与社会主义现代化国家相适应的健康国家。

图 2-2

表 2-3　2030 年健康中国建设应实现的具体目标

目标	目标内容
提升人民健康水平	人均预期寿命达到 79 岁
控制健康危险因素	全面普及健康生活方式； 基本上健康有利生产生活环境； 有效保障食品药品安全； 消除一批重大疾病危害
提升健康服务能力	全面建立高校优质的整合型医疗卫生服务体系； 完善的全民健身公共服务体系； 完善健康保障体系； 健康科技创新实力达到世界前列； 显著提高健康服务水平和质量
加快健康产业规模	完善健康产业体系； 形成一批具有较强创新能力及国际竞争力的大型企业； 使健康产业成为国民经济支柱产业
完善健康制度体系	健全健康相关政策法律法规体系

表2-4 "健康中国"建设主要指标[①]

领域	指标	2015年	2020年	2030年
健康水平	人均预期寿命(岁)	76.34	77.3	79.0
	婴儿死亡率(‰)	8.1	7.5	5.0
	5岁以下儿童死亡率(‰)	10.7	9.5	6.0
	孕产妇死亡率(1/10万)	20.1	18.0	12.0
	城乡居民达到《国民体质测定标准》合格以上的人数比例(%)	89.6 (2014年)	90.6	92.2
健康生活	居民健康素养水平(%)	10	20	30
	经常参加体育锻炼人数(亿人)	3.6 (2014年)	4.35	5.3
健康服务与保障	重大慢性病过早死亡率(%)	19.1 (2013年)	比2015年降低10%	比2015年降低30%
	每千常住人口执业(助理)医师数(人)	2.2	2.5	3.0
	个人卫生支出占卫生总费用的比重(%)	29.3	28左右	25左右
健康环境	地级及以上城市空气质量优良天数比率(%)	76.7	>80	持续改善
	地表水质量达到或好于Ⅲ类水体比例(%)	66	>70	持续改善
健康产业	健康服务业总规模(万亿元)		>8	16

4. 战略内容

(1)普及健康生活

①加强健康教育

第一,提高全民体育文化素养,重点推进系统、全面的学校体育教育的开展,同时,重视通过社会体育教育丰富大众体育健康

---

① "健康中国2030"规划纲要[Z].北京:人民出版社,2016.

意识、知识、技能。

第二，加强学生健康教育。青少年学生作为我国国家和社会未来的建设者和接班人，也是全体大众的一个特殊组成群体，学生的健康教育对学生的家庭、整个社会有辐射作用。

②塑造自主自律的健康行为

第一，引导合理膳食。养成良好饮食习惯，避免快食、节食，避免长期食用快餐、过度食用垃圾食品等，一日三餐，食物多样化。

第二，控烟限酒。加强健康宣传，同时进一步落实"禁烟令"，为大众创造良好健康休闲环境与社会休闲氛围。

第三，促进心理健康。不断建立健全社会心理健康服务体系。

第四，减少不安全性行为。

第五，减少毒品危害。

第六，加强社会治安管理。

③提高全民身体素质

第一，完善全民健身公共服务体系，到2030年，基本建成县、乡、村三级公共体育设施网络。

第二，实施国家体育锻炼标准，扶持和推广我国传统体育项目和文化活动。

第三，加强体医融合和非医疗健康干预，发布健身活动指南，完善健康监测。

第四，关注特殊人群的健康与体育健身参与情况。

(2)优化健康服务

①强化覆盖全民的公共卫生服务

第一，做好重大疾病防控工作。

第二，关注人口健康，到2030年，实现全国出生人口性别比自然平衡。

第三，推进基本公共卫生服务均等化。

②提供优质高效的医疗服务

第一,完善卫生医疗服务体系,实现全民病有所医。

第二,创新医疗卫生服务供给模式,做好疾病防控,完善家庭医生建设与服务。

第三,提升医疗服务水平和质量,培养医药人才、医疗人才、医药相关人才,构建良好就医环境,建立和谐医患关系。

第四,构建同国际接轨的医疗卫生服务发展模式。

③充分发挥中医药独特优势

计划到2030年实现以下目标。

第一,继续推动中医药在疾病治疗、预防、保健、康复等方面的作用。

第二,发展中医养生服务。

第三,推进中医药传承。

第四,促进中医药创新。

④加强重点人群健康服务

第一,从人类生命健康的起源入手,关注母婴安全、关注妇女儿童健康。

第二,重视青少年儿童的健康教育。

第三,重视残疾人群的健康管理、服务。

(3)完善健康保障

《"健康中国2030"规划纲要》指出,要从健全医疗保障体系和完善药品供应保障体系两个方面完善我国健康保障体系(表2-5)。

表2-5 完善健康保障工作内容

	内容	目标
健全医疗保障体系	完善全民医保体系	到2030年,全民医保体系成熟定型
	健全医保管理服务体系	到2030年,使全民医保管理服务体系更加完善、高效
	积极发展商业健康保险	落实税收等优惠政策,发展健康管理组织新形式

续表

	内容	目标
完善药品供应保障体系	医药改革	深化药品、医疗器械流通体制改革
	体制完善	完善国家药物政策,巩固国家基本的药物制度

(4)建设健康环境

①深入开展爱国卫生运动

第一,关注城乡良好卫生环境发展,建设良好宜居家园。

第二,关注人民群众的饮水问题,确保饮水安全。

第三,建立环境示范村、镇。

②加强影响健康的环境问题治理

第一,重视自然环境的综合治理,重视环境保护、环境问题治理。

第二,加强对可能产生环境问题的企业与产业的监督。

第三,建立健全环境监测机制。

第四,完善环境风险评估和预防机制。

③保障食品药品安全

第一,加强食品监管,从生产到餐桌,杜绝食品污染。

第二,加强药品、医疗器械、化妆产品等的安全监管。

④完善公共安全体系

第一,加强安全生产。

第二,加强道路交通安全。

第三,加强消费品安全。

第四,加强各级部门、组织、团体、个人的突发性安全事件应急处理能力。

第五,建立健全整个社会对突发安全事件的联动处理能力。

第六,健全口岸公共卫生体系,加强出入境安全管理。

(5)发展健康产业

①优化多元办医格局

建立健全我国的医疗环境,包括良好齐全的医疗设施的配备、良好的医疗卫生环境、良好的医患心理环境的建设以及良好的医疗行业作风环境建设等多个方面。

②发展健康服务新业态

建立健康新业态、新产业、新模式,实现健康产业与其他产业的联合、协同发展(图 2-3)。

互联网的健康服务	母婴照料服务	健康文化产业和体育医疗康复产业
健康医疗旅游行业	中医药健康旅游	健康服务产业集群
引导发展专业的检验中心、医疗影像中心、病理诊断中心和血液透析中心	支持发展第三方医疗服务评价、健康管理评价	鼓励社会力量提供食品药品检测服务
	大力发展专业化、市场化的医药科技成果转化服务	

图 2-3

③积极发展健身休闲运动产业

第一,优化健身市场环境,鼓励入市。

第二,加强健身产业发展引导、干预。

第三,政策支持,优化产业资源配置。

④促进医药产业发展

第一,重视医药技术的创新。

第二,提高医药产业集中度。

第三,提高医药产业专业化发展。

第四,加强国际医药交流与合作。

(6)健全支撑与保障

①深化体制机制改革

第一,把健康融入所有政策,加强各部门各行业沟通协作,形成健康合力。

第二,全面深化医药卫生体制改革。

第三,完善健康筹资机制,调动社会投资积极性。

第四,加快转变政府职能。

②加强健康人力资源建设

第一,加强健康人才培养培训,到 2030 年,实现每千人拥有社会体育指导员 2.3 名。

第二,创新人才使用评价激励机制。

③推动健康科技创新

第一,构建国家医学科技创新体系。

第二,强化医学科技进步、创新。

④建设健康信息化服务体系

第一,完善人口健康信息服务体系建设,完善"互联网+健康医疗"模式。到 2030 年,实现国家、省、市、县四级人口健康信息平台互通、共享、规范应用。

第二,全面深化健康医疗大数据的多领域应用。

⑤加强健康法治建设

不断健全医疗卫生、中医药、药品管理等方面的立法建设,完善社会监督。

⑥加强国际交流合作

以双边合作机制为基础,促进我国和"一带一路"沿线国家卫生合作,积极参与全球卫生治理,全方位积极推进人口健康领域的国际合作。

(7)强化组织实施

第一,加强组织领导,确保健康重大工作的有序开展。

第二,健全政府、大众媒体健康宣传,营造社会良好健康氛围,形成大众健康共识。

第三,做好实施监测。积极落实各项政策,并在工作中总结经验教训,不断改进。

(三)《健康中国行动(2019—2030年)》

随着我国社会经济的不断发展,我国文明病、慢性病高发,工业化、城镇化、人口老龄化进程中,一系列国民健康问题不容忽视。

为切实保障人民健康,有效预防、防治结合,当前新时期,必须细化落实《"健康中国2030"规划纲要》对普及健康生活、优化健康服务、建设健康环境等的部署,使群众不生病、少生病,提高生活质量。

2019年6月,国家卫生健康委制订《健康中国行动(2019—2030年)》(以下简称《行动》)发展战略,7月9日,国务院成立健康中国行动推进委员会,负责统筹推进《行动》相关工作。

1. 目标

到2022年,基本建立健康促进政策体系,全民健康素养水平稳步提高,健康生活方式加快推广,重大疾病发病得到有效防控,疾病致残和死亡风险逐步降低,重点人群健康状况显著改善。

到2030年,全民健康素养水平大幅提升,健康生活方式基本普及,健康影响因素得到有效控制,因病过早死亡率明显降低,人均健康预期寿命显著提高,居民主要健康指标水平进入高收入国家行列,健康公平基本实现。

2. 任务

《行动》及相关文件出台围绕疾病预防和健康促进两大核心,提出将开展15个重大专项行动(表2-6),并指出了完成各项行动与任务的具体指标(表2-7)。

表2-6 《健康中国行动(2019—2030年)》主要任务

序号	任务行动内容	任务方向
1	健康知识普及行动	全方位干预健康影响因素
2	合理膳食行动	
3	全民健身行动	
4	控烟行动	
5	心理健康促进行动	
6	健康环境促进行动	
7	妇幼健康促进行动	维护全生命周期健康
8	中小学健康促进行动	
9	职业健康保护行动	
10	老年健康促进行动	
11	心脑血管疾病防治行动	防控重大疾病
12	癌症防治行动	
13	慢性呼吸系统疾病防治行动	
14	糖尿病防治行动	
15	传染病及地方病防控行动	

表2-7 《健康中国行动(2019—2030年)》考核指标

考核依据	序号	指标	基期水平	2022年全国目标值
《"健康中国2030"规划纲要》	1	人均预期寿命(岁)	76.7	77.7
	2	婴儿死亡率(‰)	6.8	≤7.6
	3	5岁以下儿童死亡率(‰)	9.1	≤9.5
	4	孕产妇死亡率(1/10万)	19.6	≤18
	5	程序居民达到《国民体质测定标准》合格以上人数比例(%)	2014年为89.6	≥90.86
	6	居民健康素养水平(%)	14.18	≥22
	7	经常参加体育锻炼人数比例(%)	2014年为33.9	≥37
	8	重大慢性病过早死亡率(%)	2015年为18.5	≤15.9
	9	每千常住人口职业(助理)医师数(人)	2.44	2.6
	10	个人卫生支出占卫生总费比重(%)	28.8	27.5
《健康中国行动》与相关规划文件	11	建立完善健康科普专家库和资料库,构建健康可不知识发布与传播机制	—	实现
	12	建立医疗机构与人员开展健康教育和促进的绩效考核机制	—	实现
	13	产前筛查率(%)	61.1	≥70
	14	新生热遗传代谢性疾病筛查率(%)	97.5	≥98
	15	农村适龄妇女宫颈癌与乳腺癌筛查率(%)	52.6	≥60
	16	国家学生体质健康标准达标优良率(%)	31.8	≥50
	17	负荷要求的中小学体育与健康课程开课率(%)	—	100
	18	中小学媒体校内体育活动时间(小时)	—	≥1

续表

考核依据	序号	指标	基期水平	2022年全国目标值
《健康中国行动》与相关规划文件	19	寄宿制中小学或66名学生以上非寄宿制中小学校配备专职卫生专业技术人员、兼职保健教师比例(%)	—	≥70
	20	配备专兼职心理健康工作人员的中小学比例(%)	—	≥
	21	接尘工龄不足5年的劳动者新发尘肺报告例占年度报告总例数比例(%)	—	下降
	22	二级以上综合性医院设老年医学科比例(%)	—	≥50
	23	高血压患者规范管理率(%)	2015年为50	≥60
	24	糖尿病患者规范管理率(%)	2015年为50	≥60
	25	乡镇卫生院、社区卫生服务中心提供中医非药物治疗法的比例患者规范管理率(%),村卫生室提供中医非药物治疗法的比例患者规范管理率(%)	—	100,70
	26	以乡镇为单位适龄儿童免疫规划疫苗接种率患者规范管理率(%)	90	大于90

注:未标明年份的基期水平值为2017年数据

（四）《关于促进全民健身和体育消费推动体育产业高质量发展的意见》

提高全民健身意识是持续推进全民健身总目标的第一层次。意识受环境影响,全民健身的自然环境、社会环境和市场环境都对人民群众的健身有重要影响。全民健身工作的持续推进有助于扩大群众体育消费,有助于推动体育产业发展,同时,体育产业的发展也能为全民健身的持续推进奠定经济发展基础。

2019年9月,国务院办公厅印发《关于促进全民健身和体育消费推动体育产业高质量发展的意见》(以下简称《意见》)。

《意见》指出,要推动体育产业成为国民经济支柱性产业,让体育锻炼成为一种生活方式。《意见》为当前新时期全民民健身与体育经济的融合发展提供了一个明确的发展方向。

《意见》提出了10个方面政策举措,具体如下:

(1)深化"放管服"改革,释放发展潜能。

(2)完善产业政策,优化发展环境,加大政策支持。

(3)促进体育消费,实施全民健身行动,优化体育消费环境,增强发展动力。

(4)建设场地设施,优化体育产业供地。

(5)加强平台支持,壮大市场主体。

(6)改善产业结构,丰富产品供给。发展体育赛事,加快发展冰雪产业,大力发展"互联网+体育"。

(7)优化布局,协调发展。促进体育差异化、特色化、区域化发展。

(8)实施"体育+"行动,推动体医融合,鼓励体旅融合,加快体教融合发展。

(9)强化示范引领,打造发展载体。建设体育服务综合体、体育特色小镇,体育产业基地等。

(10)夯实产业基础,提高服务水平。加强体育产业人才培养,完善体育产业统计体系。

第三章 全民健身的个人健身理论

全民健身的持续推进和深化发展最终要落实到每一个社会大众的体育健身参与上。对于广大人民群众来说，要积极树立良好的体育健身观念、体育健身意识，并将体育健身从动机落实到体育健身行动中去，如此才能真正促进自我身心健康发展。个体参与体育健身活动，必须遵守科学的健身原理与方法，如此才能实现健身的有效性。本章主要就个体健身的科学学科理论知识与健身中的疲劳恢复与伤病处理进行系统分析，以为群众健身提供科学的理论指导，期望每个人都能获得良好的体育健身效果。

第一节 健身的学科理论基础

一、健身的生理学基础

(一)运动健身的生理本质

个体参加体育运动健身，是通过各种身体活动来实现的，通过具体的身体刺激可改善机体生理代谢和生理活动，通过运动所引起的有机体的生理变化，可促进有机体的生理机能、身体素质、感官反应等都能发生良性的变化。

在运动健身过程中，身体接受各种运动刺激，并会有生理和心理两个方面的变化，体育运动健身效果的获得就有赖于运动者的各种适应性的身心变化。

健身过程中,身体完成各种动作、技能,需要身体器官与机能的充分调动,以能达到具体的动作与技能效果。运动健身能实现对有机体的生理刺激,在身体机能适应训练并得到提高的基础上,使运动者保持这种良好的运动状态和习惯,从而使机体适应这种刺激,坚持一段时间后可形成身体对运动的良性适应。如此不断地使身体接受(科学、有序的)负荷刺激—机体发生适应变化—再给予刺激—机体再适应……机体就能不断适应新的刺激,进而始终保持一个健康的生理状态。

健身过程中,有机体的生理兴奋性的调动还能促进个人的运动情感的投入,以及运动过程中的身体内环境、激素水平的变化,这对于健身者的心理活动具有重要影响。运动健身的丰富与良好的情感与心理体验,可促进个人保持一个健康的心理状态。

(二)健身的物质代谢基础

个体的生理活动正常开展需要物质提供营养、能量或影响与参与。个体参与体育运动健身,身体的生理活动会加强,更加需要生理物质的数量增加和生理兴奋,以更好地调动身体生理机能,促进机体完成健身活动。

结合人体生理和运动所需六大营养素,对机体参与健身过程的物质代谢分析如下:

1. 糖代谢

糖类是人体活动重要的供能物质。健身过程中,糖的代谢活动会加强,以为机体提供足够的运动能量。

(1)糖的合成代谢。人体中,糖的合成如下:其一是有机体摄入的糖经过吸收进入血液,形成血糖,血糖再进一步地合成糖原,储存为肝糖原、肌糖原。其二是糖结合体内非糖物质合成葡萄糖或糖原。这些糖原是运动健身的重要能量源。

(2)糖的分解代谢。人体摄入糖,糖进入消化系统,经消化酶的作用,转变葡萄糖分子,经小肠上皮细胞葡萄糖运载蛋白转运进入血液,成为血糖,再合成糖原,体育运动健身中,人体的糖经过有氧氧化、酵解,释放能量,为机体运动健身提供动力。

2. 脂代谢

人体脂肪代谢过程如下:

(1)水解:脂肪在体内水环境中被酶解。

(2)转化:脂肪水解后可形成甘油、游离脂肪酸、单酰甘油,少量的二酰甘油和未经消化的三酰甘油。

(3)吸收:脂肪被人体吸收,一种方式是在小肠内,经过上皮细胞直接吞饮脂肪微粒及其各种成分,形成乳糜微粒,再被吸收;另一种方式是较大分子的脂肪进入淋巴管,再扩散入毛细血管。

(4)储存:脂肪被吸收后存在于人体脂肪组织中,这些脂肪主要存在于器官周围、皮下等位置,起到保护、保暖作用。

(5)分解:脂肪是人体重要的燃料库,在体育运动健身过程中,脂肪可以分解代谢供能供能,为机体参与健身活动提供运动能量。

3. 蛋白质代谢

在人体内,蛋白质及一些含氮物质总是处在不断地分解与再合成的过程中。蛋白质生理代谢过程如下:

(1)蛋白质的合成代谢:蛋白质是人体的重要生命物质构成,按照 DNA 模板排序,上核苷酸排列顺序转录成 mRNA,在 tRNA、rRNA 参与下,翻译成蛋白质中氨基酸的排序。

(2)蛋白质的分解代谢:在消化液的帮助下,蛋白质被分解成氨基酸,在小肠被吸收,再进入血液,此后,氨基酸脱氨基,生成氨、CO_2 和水。

4. 维生素代谢

维生素是人体必需营养物质,可参与人体的诸多生理活动。

人体本身不能合成维生素,因此,人体的所有维生素都需要从食物中获取。各种食材中含有各种不同的维生素。人体中,大多数维生素都会参与辅酶的组成,如果维生素缺乏,就会对酶的催化能力产生影响,可引起代谢失调。

体育运动健身中,应使机体的维生素保持在一个良好的需求水平,如果维生素供应不足,可使机体的一些生理活动代谢异常,进而会影响机体运动能力的发挥。

5. 无机盐代谢

无机盐,也称矿物质,人体中的无机盐主要有两种存在形式,一种是无机盐,存在于骨骼中(如钙、镁、磷元素等);另一种以离子形式(电解质,如钙、镁)存在于人体水环境中。电解质可调节体内渗透压和酸碱平衡,对机体的正常生理代谢具有重要的影响。

无机盐在人体的细胞代谢活动中具有十分重要的作用,是维持生命代谢的基础。运动健身过程中,人体生理活动增加,对无机盐的需求量也会发生变化,如果机体内的无机盐含量发生较大变化,可导致机体代谢紊乱,运动能力下降。

6. 水代谢

水被称为"生命之源"。水是组成生物体的重要成分,是维持生命所必需的物质,人体严重缺水可导致死亡。

人体的水分通过饮食、饮水可获取,注意补水可促进生命保持健康状态,也可确保机体参与运动的良好生理状态。

人体的水可通过机体活动代谢排出,主要通过皮肤、肺以及随粪便排出。体育运动健身中,水主要是以出汗的形式流失。大量出汗可导致机体失水,进而引起各种不适、影响运动能力。

人体的水分平衡是人体健康状态的重要表现特征之一。运动健身中,机体会因大量出汗导致体内水分流失,使机体缺水,因此,运动健身期间应注意科学补水。

(三)健身的能量代谢基础

1. 磷酸原系统代谢供能

ATP(三磷酸腺苷)、CP(磷酸肌酸)是人体高能磷酸基团,ATP、CP分解释放供能,称为磷酸原或ATP-CP供能系统。

ATP是人体唯一的可直接利用的能源,ATP水解可提供生理和运动所需能量(图3-1)。CP分解释放能量用于重新合成ATP,它在人体内的储存量有限,可在极高强度肌肉活动中消耗殆尽。

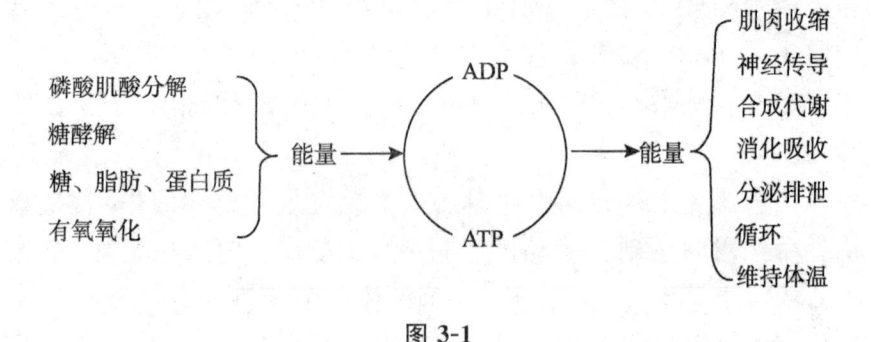

```
磷酸肌酸分解 ┐
糖酵解        ├ 能量 → ADP ⇄ ATP → 能量 → 肌肉收缩
糖、脂肪、蛋白质│                            神经传导
有氧氧化     ┘                            合成代谢
                                          消化吸收
                                          分泌排泄
                                          循环
                                          维持体温
```

图 3-1

在人体中,CP和ATP属于大分子物质,不能直接被人体吸收,但运动中,ATP-CP系统的能量物质可被肌细胞快速、直接利用。

个体参与健身活动,机体内的ATP-CP系统可提高运动健身的能量。具体来说,长时间的体育运动健身中,ATP-CP系统可一边供能一边恢复,但是如果训练密度不足,则不利于ATP-CP系统供能能力的提高,如此就不能获得良好的体育运动健身效果。因此,了解ATP-CP系统的供能特点有助于科学安排健身,最大限度利用机体能量,提高机体健身效果。

2. 糖酵解系统代谢供能

糖酵解的原料是肌糖原,可在无氧的条件下分解供能,供体内急需,当机体运动持续的时间在10秒以上且强度很大时,则无法满足机体所需能量。

健身过程中,如果机体所获取的氧不足时,有机体内的糖在酵解供能(ATP)的过程中,可生成乳酸:

$$骨骼肌糖原或葡萄糖 \xrightarrow{糖酵解} ATP + 乳酸$$

3. 有氧氧化系统代谢供能

机体参与运动健身,氧摄入充足,则机体内的糖、脂肪和蛋白质都可以进化氧化分解提供运动能量,这就是机体的有氧代谢供能。

(1) 糖的有氧代谢

运动中,氧供应充足时,肌糖原或葡萄糖可被彻底氧化分解成 H_2O 和 CO_2,并释放大量能量。

(2) 脂肪的有氧代谢

脂肪是人体重要的热能来源,个体健身时,脂肪分解代谢可以满足有机体运动的能量所需。具体来说,有机体在参与体育运动健身期间,在有氧参与的情况下,脂肪进行分解代谢供能:

$$脂肪 \xrightarrow{有氧氧化} ATP + CO_2 + H_2O$$

有研究表明,机体内,每重新合成 1 摩尔 ATP,要摄取 3.96 升的氧气,这样的代谢供能特点,与糖供能相比,更节省氧耗、更经济。

(3) 蛋白质的有氧代谢

蛋白质可以作为人体参与体育运动健身时的供能的一个原料,但是与糖、脂肪相比,人体利用蛋白质供能的情况非常少,这与蛋白质本身供能较少有关。蛋白质代谢供能时通过氨基酸脱氨基,生成氨、CO_2 和水:

$$蛋白质 \longrightarrow 氨 + CO_2 + H_2O$$

人体参与健身,机体的供能是一个复杂的、综合的过程,不同健身运动条件下,机体的供能主要方式与方法不同,了解人体各个供能系统特点(表3-1),有助于科学安排不同的体育运动健身内容与活动(图3-2),以节省机体供能,并提高供能效率。

表 3-1　三大供能系统的特点

供能系统	能源物质	输出功率	供能时间
ATP-CP 系统	ATP、CP	最大	最大为 6~8 秒
糖酵解系统	肌糖原、血糖	约为 ATP-CP 系统的 50%	30~60 秒达最大，可维持 2~3 分钟
有氧氧化系统	肌糖原、血糖	约为糖酵解系统的 50%	1~2 小时
	脂肪	约为糖酵解系统的 20%	理论上无限

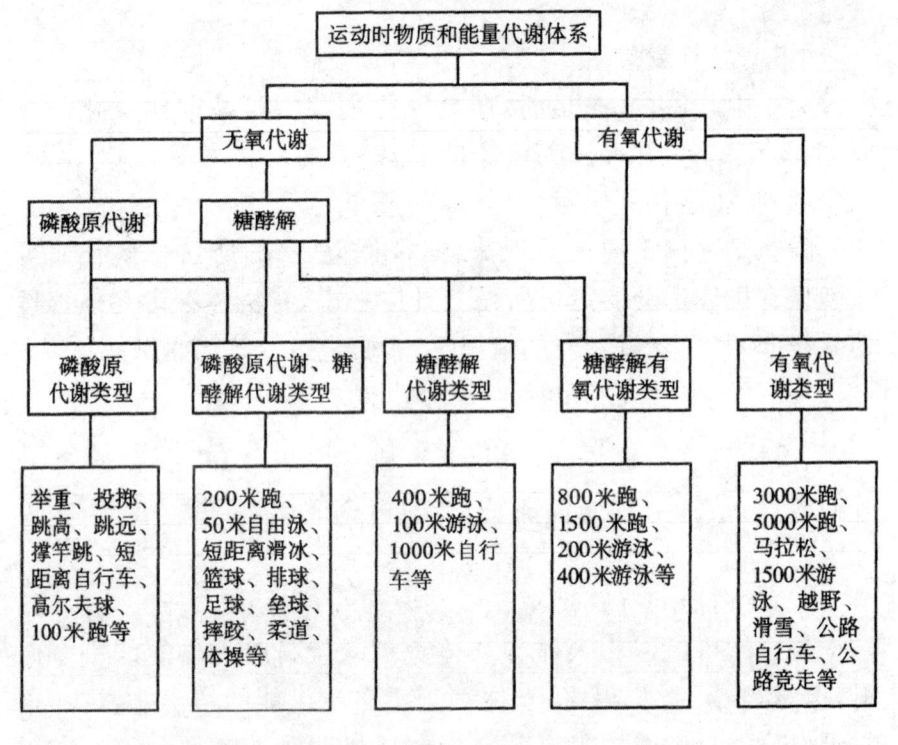

```
                    运动时物质和能量代谢体系
                    ┌──────────┴──────────┐
                  无氧代谢              有氧代谢
              ┌─────┴─────┐                │
          磷酸原代谢      糖酵解              │
```

磷酸原代谢类型	磷酸原代谢、糖酵解代谢类型	糖酵解代谢类型	糖酵解有氧代谢类型	有氧代谢类型
举重、投掷、跳高、跳远、撑竿跳、短距离自行车、高尔夫球、100米跑等	200米跑、50米自由泳、短距离滑冰、篮球、排球、足球、垒球、摔跤、柔道、体操等	400米跑、100米游泳、1000米自行车等	800米跑、1500米跑、200米游泳、400米游泳等	3000米跑、5000米跑、马拉松、1500米游泳、越野、滑雪、公路自行车、公路竞走等

图 3-2

二、健身的心理学基础

(一)健身的心理影响因素

个人的心理活动和心理过程是受多种因素影响的,这些心理影响因素可影响个体的心理并最终影响个体的行为。运动健身是一种个人行为,其同样受多个心理因素影响,把握这些心理因素的特点与规律,有助于为个人运动健身提供正确的导向,从而促进个体的良好健身行为的付诸实施。

1. 动机

动机是推动个体从事各种运动的心理及内部动力,能引起并维持人的活动。动机对个体的行为具有始发(引发个体活动)、指向或选择(引起和发动个体活动方向)、强化(维持、增加、减弱)作用。

动机是个体的内在过程,行为是这种内在过程的结果,动机不同(表3-2),可能引发不同的行为(与行为程度)。

表3-2 动机分类及内容

分类依据	动机类型	动机内容及其表现
动机起源	生理性动机	生理的、先天性动机,如饥、渴、性、睡眠等
	社会性动机	社会性的,后天性动机,如兴趣、交往、成就等
动机原因	内在动机	由快乐和满足引起,如个体从事健身获得运动快乐
	外在动机	由外界刺激诱发,如力求赞美而健身健美
动机作用	主导性动机	引起行动的强烈、稳定的动机
	辅助性动机	影响行为的不稳定,处于辅助地位的动机
动机行为与目标关系	近景动机	与近期目标密切相关
	远景动机	与长远目标密切相关
动机行为带给个体的体验	丰富性动机	激发个体探索、创造、自我实现
	缺乏性动机	又称生存和安全动机,如不能达成目标会痛苦

要促使某一个个体认识到健身的重要性,并积极坚持参与健身活动,可了解与分析其健身的动机,并诱导个体的健身动机。如选择对运动者感兴趣的内容和项目,科学安排训练时间和负荷,增加健身运动的趣味性、交往性,激发与持续保持健身动机;如引导健身者进行自我认识调整,端正健身抬头,认识到健身的

重要性与意义,主动参与健身,并坚持终身体育健身。

2. 认知

个体/群体认知表现出一定的规律,具体表现如下:
(1)人的认知能力与生俱来,同时受外部环境、心理等因素影响。
(2)人认识事物是由表及里、由外及内、由浅入深,这个过程不能逆转。
(3)个体的认知受年龄因素影响,表现出年龄群体差异,同年龄群体也表现出不同个体差异。

人的认知能力和体育运动健身是相互影响的。科学、系统的体育运动健身可以提高个人智力水平,提高个人的记忆、注意、思维、反应等能力;良好的认知能力能使运动者更加清楚地理解训练原理、运动规律、技术特点等,从而优化运动操作。在健身实践中,个人的认知能力与水平不同,对体育健身价值与健身动作、技能的规律性与特点的认识程度不同,因此,需要结合个人的认知水平来与指导不同健身者科学参与体育健身活动。

3. 情绪

心理学认为,情绪是影响人体心理活动的重要心理因素,积极情绪与消极情绪可对人的记忆、认知等智力性和非智力性因素产生影响,从而影响整个人的心理活动与行为。

健身可舒缓个人不良情绪,令个人有酣畅淋漓的运动快感,运动经验能给予个体丰富的情绪体验,让个体更从容应对各种健身与日常人事物。

个体想排解不良情绪,健身是一个良好选择,健身过程中要注意情绪的调节,避免情绪低落导致注意力不集中而引发运动损伤。

4. 注意力

注意力是个体心理活动对一定对象的选择性指向和集中,注意力与健身可相互影响,运动心理学研究表明,长期科学参与体育健身可增强个体注意力;同时,良好的注意力可促进运动者更好地完成健身动作与技能。

5. 意志力

意志是人为了实现既定目标而支配自己的行动自觉克服困难的一个心理过程。意志力与体育健身相互影响。

一方面,良好的意志力有助于个体在健身过程中坚持完成健身任务,主动克服运动疲劳、消极情绪,养成良好意志品质。

另一方面,健身效果的获得并非一次健身活动后可"立竿见影",健身效果的获得需要长期坚持才能显现出来。这就要求个体必须具备良好的意志力,能坚持健身,而不是"三天打鱼两天晒网"或半途而废。健身是强健身体的过程,也是心理素质的改善过程。

(二)个体心理特征与运动

个性是指具有一定倾向性的较稳定的心理特征,是影响个体行为的重要因素。

1. 性格

性格一旦形成即具有稳定性,但也具有可塑性。个人的性格不同,会选择不同的健身项目,不同的健身项目对运动健身者的性格有一定的要求,可弥补运动健身者的一些性格不足,有助于运动健身者的性格完善。

举例来说,攀岩、潜水、蹦极等运动需要运动健身者有追求自由、个性张扬、喜欢探索与冒险的性格;一些胆小、害怕改变和冒险的人,经过长期的健身可能变成一个胆大、勇敢和富于冒险精神的人。

2. 气质

气质是人的心理活动的稳定的动力特征。不同气质类型可有不同心理与行为(表3-3)。不同气质的人,健身目的不同、健身需求不同,对健身内容和方法的选择也不同。了解个体的气质类型,可令个体健身更具针对性。

表3-3 高级神经活动类型及特性与气质对照表

神经系统的特性及类型				气质	
强度	平衡性	灵活性	特殊现象的四种类型	气质类型	主要心理特征
强	不平衡（兴奋占优势）		不可抑制型（兴奋型）	胆汁质	精力充沛 情绪发生快而强 内心外露 率直、热情、急躁
强	平衡	灵活	活泼型	多血质	活泼爱动 情绪发生快而多变 思维言语动作敏捷 乐观、亲切、轻率
强	平衡	不灵活	安静型	黏液质	沉着冷静 情绪发生慢而弱 内心少外露 思维言语动作迟缓 坚韧、执拗、淡漠
弱	不平衡（控制占优势）		弱型(抑制型)	抑郁质	柔弱易倦 情绪发生慢而强 言语动作小 易怒、胆小、孤僻

3. 心理能力

运动心理学意义上的个人心理能力指个体顺利完成某种活动必备的心理特征。它包括观察力、记忆力、思考力、想象力和注意力等。心理能力是个体掌握知识、方法,提高个人学习与运动能力的基础。

和性格形似,不同的心理能力的个体在选择从事不同体育健身内容方面有显著的个人差异,不同的运动健身项目对个体的心理能力有完善作用。如有人擅于形象思维,有人擅于抽象思维,有人敏捷,有人迟钝。运动健身应结合自己的心理能力选择与自己匹配的运动项目,同时结合自身的身心发展需求从事相应的体育运动健身项目。

第二节　健身疲劳的恢复

一、健身疲劳的产生机制

运动健身过程中由于运动时间、负荷、方法等运动因素产生的疲劳被称为运动疲劳,是运动健身中的主要疲劳表现。运动疲劳的产生是一个非常复杂的过程,受多种因素的影响,表现为不同类型(表 3-4)。

表 3-4　疲劳的分类

分类标准	疲劳类型
疲劳产生的运动方式	快速疲劳、耐力疲劳
疲劳产生的部位	中枢疲劳、内脏疲劳、外周疲劳、肌肉疲劳
疲劳消除的快慢	急性疲劳、慢性疲劳
疲劳的性质	生理性疲劳、心理性疲劳、病理性疲劳
疲劳的范围	全身性疲劳、区域性疲劳、局部性疲劳
疲劳的器官	骨骼肌疲劳、心血管疲劳、呼吸系统疲劳
疲劳的生理学与心理学机制	脑力性疲劳、体力性疲劳、情绪性疲劳、感觉性疲劳

运动健身疲劳产生的生理机制与心理机制分析如下：

(一)能源耗竭

人体参与体育健身活动,需要机体内的能源物质代谢分解提供运动健身所需要的能量。如果人体长期处于体育健身过程中,这一过程期间没有饮食,会导致体内所储备的营养物质的消耗;如果体内的营养物质消耗达到一定的程度,机体就会启动自我保护机制;如果再持续运动,则可能导致体内能源物质的耗竭从而有生命危险。此时,机体会有疲劳的感觉。这是有机体通过神经系统对机体所释放的一种运动"警告",提醒有机体有必要停止运动进行休闲和适当补充营养。

(二)内环境失调

机体参与运动需要机体代谢提供运动所需能量,在健身过程中,机体内的糖、脂肪和蛋白质的有氧或无氧代谢是机体健身所需能量的重要源泉。运动健身过程中,如果个体参与体育健身的时间过长,会使体内能源物质快速消耗,HL升高,血pH下降,体内的无机盐、水分减少,维生素含量不断下降,这就会导致机体的内环境发生很大的变化,会使机体的正常生理活动受到影响,可导致运动能力的降低,即发生了疲劳现象。

(三)代谢物堆积

有实验证实,在人体的健身过程中,随着运动负荷的不断增加,机体内大量分解并消耗肌糖原,ATP和CP大量消耗,并在肌肉中堆积了大量的乳酸。乳酸大量堆积会影响体内的正常代谢,会出现失代偿性酸中毒,导致ATP合成量减少,使肌肉有酸痛感、运动能力下降。

(四)心理因素

个性心理不同可导致个体在健身过程中发生运动健身疲劳

的早晚、程度不同。重点分析以下心理因素对个体健身疲劳的反应。

（1）个性：运动健身者参与与自我个性不相符的运动健身内容，可能较早较快引发运动疲劳，如射击、围棋、高尔夫等需要较大耐心的运动项目不适合性格外向的运动者参加，否则很容易引发心理疲劳。

（2）情绪：情绪低落、情绪不稳定等会使运动健身者的动作不连贯，这种情况反复发生可导致心理疲劳。

（3）注意力：注意力不集中、注意力稳定性差是运动心理疲劳的重要诱因之一。

二、健身疲劳的恢复方法

（一）劳逸结合

根据运动健身疲劳产生的能源耗竭的生理机制，运动健身过程中应注意劳逸结合。实践证明，劳逸结合可有效消除运动中的运动性疲劳。

首先，可以通过增加睡眠的方法来消除健身日的运动性疲劳。有研究证实，人体在睡眠状态下，各器官、系统活动会下降到最低水平，机体代谢减弱，能量消耗较低，合成代谢有所加强，可有效恢复机体消耗的能源物质，有效缓解运动性疲劳。参与体育健身锻炼，不仅要科学健身，还要养成良好作息规律。

其次，要做好热身和整理活动，良好的热身准备能有效提高身体各项运动能力对负荷的适应和机体活力，可延缓疲劳的产生；健身后的整理放松是消除运动中疲劳、促进体力恢复的一种有效的主动恢复手段，能帮助机体从适应运动的状态慢慢地恢复到安静状态，具体可通过慢跑和呼吸体操消除疲劳。

最后，运动健身之后，不要立刻静止不动，要采用积极休息的方法从运动状态过渡到静止状态，这与运动后的整理活动本质是一致的。运动健身间歇过程中,也应注意积极性的休闲,如放松走跑、变换活动部位等。

(二)饮食营养

合理安排饮食,可有效增进身体健康,改善机体内环境,增大体内能源物质的贮备,可推迟疲劳的发生。

由于运动健身过程中营养物质的消耗会导致疲劳产生,因此,针对这一疲劳产生的生理机制,可通过适当补充营养物质的方法来延缓和消除疲劳的产生。健康体质的养成以及运动水平的提高,适当补充营养是必不可少的。

日常健身过程中,运动健身者可结合自身情况适当补充营养,补充机体所消耗的物质,修复体内结构受损、消除疲劳。

(三)物理疗法

物理康复疗法,主要包括水疗、光疗、蜡疗、电疗等方法,其原理在于对身体局部或全身的疲劳肌肉进行代谢促进,改善血液循环,促进血氧供应和营养物质吸收,促进代谢产物的排泄,进而促进疲劳消除。

通过物理疗法促进疲劳恢复的具体方法操作如下:

(1)水疗法:利用水的温度、静压、成分、浮力等机械刺激有机体,改善机体生理活动,具体包括温水浴、淋浴、盆浴、涡流浴、桑拿浴等。

(2)电疗法:用各种电流刺激人体以消除疲劳,如直流电离子导入疗法、感应电疗法和超刺激电流疗法等,刺激神经和肌肉,改善血液循环,减轻疼痛,防治肌萎缩,治疗腰颈和关节劳损,缓解神经疲劳。

(3)吸氧:吸氧能够促进新陈代谢,改善体内的微循环,有助于消除疲劳。

(4)空气负离子疗法:空气负离子能改善肺的换气功能,增加氧吸收量和二氧化碳排出量,刺激造机能,加快血流速度,加大心搏输出量,扩张毛细血管,加速乳酸代谢。

(四)中医康复

中医消除运动健身疲劳的方法主要有如下几种:

(1)按摩:用推拿按摩消除毽球运动中的疲劳,经济简便,随时随地都可实施。常见按摩方法有人工按摩、机械按摩、水力按摩、气压按摩等。

(2)拔罐:拔罐法是一种典型的中医疗法,能有效消除疲劳。具体来说,通过拔罐能对身体局部产生负压作用,可使组织内的淤血散于体表,促进代谢产物排泄,进而有效消除疲劳。

(3)针灸:针对肌肉疲劳可采用穴位针刺的方法。消除全身疲劳,则主要采取针扎强壮穴足三里的方法。针灸消除疲劳,必须请专业人士进行施针。

(五)心理调节

运动心理学研究表明,通过心理干预可对大脑皮层调节和消除机体疲劳。应选择在宜人的环境中进行,要注意室内或室外的温度、光线、声音、空间、空气等应令人舒适,心理调节具体通过引导来帮助个体放松。具体方法如下:

(1)表象和冥想。

(2)自我积极暗示,可通过积极性语言进行自我暗示与鼓励。

(六)音乐疗法

音乐是一种震动,而且是有规律的波动,思维也是一种波动,情绪也是。音乐可以影响人的心理活动,对人的神经系统可产生刺激作用,舒缓的音乐可以缓解中枢神经系统的疲劳,能够调节循环、呼吸系统和肌肉的功能。

从本质上来讲,音乐疗法也是通过音乐作用于个体心理进而引起生理上的变化来消除个体运动健身疲劳的方法,是一种心理干预方法。

第三节 健身伤病的处理

一、常见健身损伤处理

(一)擦伤

擦伤是体育健身中发生率最高的一种常见表皮损伤,擦伤后,多可表现为皮肤表皮剥脱,可伴渗液、出血。

擦伤处理方法如下:

(1)较轻擦伤:生理盐水冲洗,涂抹红药水或紫药水或 0.1% 新洁尔溶液。

(2)大伤口擦伤:生理盐水刷洗、清理创面异物,碘酒或酒精消毒,涂云南白药,纱布包扎。

(3)关节擦伤:清洗、消毒,涂抹医用止血止痛药,如青霉素软膏。

(二)挫伤

挫伤,是一种受钝性外力作用产生的伤口闭合性损伤,与擦伤相比,挫伤的损伤程度要更深,伤后可伴有肿胀、疼痛、出血等现象的发生。

挫伤处理方法如下:
(1)伤后即刻:局部冷敷、外敷新伤药。
(2)四肢挫伤:包扎固定,及时送医。
(3)头部、躯干部严重挫伤:观察伤者是否受伤有休克、大出血现象,如有,应先进行休克处理,尽快止血,及时送医。
(4)手指挫伤:冷水冲淋、按压止血,包扎。
(5)面部挫伤:冷敷,24 小时后热敷;如伤口崩裂伤应送医缝合。

(三)拉伤

拉伤是肌肉过度收缩或拉长致伤,健身期间,准备活动不充分、动作用力过猛、动作幅度过大,都会引发肌肉或韧带拉伤,如果是肌肉拉伤,可导致肌肉压痛、肿胀,或者肌肉痉挛。

拉伤处理方法如下:

(1)轻度拉伤:冷敷,局部加压包扎,抬高患肢。

(2)严重拉伤:简单急救后,立即送医。

(四)扭伤

扭伤是肌肉、韧带、关节超过自身活动范围的扭动所致损伤,活动不充分、动作幅度过大、运动方向不当均可致伤,伤后可有疼痛、肿胀感,严重者有运动障碍。

扭伤处理方法如下:

(1)指关节扭伤:冷敷,牵引放松,固定伤部。

(2)肩关节扭伤:冷敷和加压包扎,24小时后可按摩、理疗或针灸。

(3)腰部扭伤:平卧休息,伤部冷敷。

(4)膝关节扭伤:压迫痛点止血,抬高伤肢,加压包扎;及时就医。

(5)踝关节扭伤:压迫痛点,包扎固定;韧带断裂应压迫包扎并及时就医。

(五)关节脱位

关节脱位,指关节离开关节应在位置。关节脱位后关节及其周围肌肉有明显疼痛、肿胀,撕裂感,关节功能丧失。

关节脱位处理方法如下:

(1)如有经验,及时复位。

(2)如无复位经验,及时送医,切忌盲目复位。

(六)肩袖损伤

肩袖损伤,又称肩袖损伤性肌腱炎,多由肩关节超常范围急剧转动、劳损、牵拉、摩擦等引起。肩袖损伤时,肩外展会感到疼痛,有时会向上臂、颈部放射;肩外展或内旋疼痛会加重。

肩袖损伤处理方法如下:

(1)急性发作期间,暂停健身,肩关节制动,上臂外展30°固定,以减小有关肌肉张力而减轻疼痛症状表现。

(2)休息、调整后,可理疗、按摩和针灸。

(3)伴有肌腱断裂并发症时,立即就医。

(七)腰肌劳损

腰肌损伤,又称腰肌筋膜炎,健身时如果腰部长期保持同一个状态或腰部动作过多,腰部肌肉运动幅度过大,长时间疲劳没有恢复的情况下持续健身可导致腰肌劳损。腰肌劳损是一个慢性运动疾病,腰部劳累,可有酸痛、刺痛感。

腰肌劳损处理方法如下:

(1)采用理疗、按摩、针灸治疗。

(2)口服药物。

(3)用保护带及加强背肌练习进行运动康复。

(4)顽固病例应进行手术治疗。

(八)髌骨劳损

髌骨劳损是髌骨的关节软骨面和髌骨因缘股四头肌张腱膜的附着部分的慢性损伤,发病时,有膝软与膝痛现象。

髌骨劳损处理方法如下:

(1)调整运动量。

(2)注意伤部的积极性休息。

(3)按摩。

(九)韧带损伤

健身过程中,操作不当可导致集体在做大幅度动作时拉伤韧带,如果伤情较重,可有内细胞组织出血或韧带断裂现象。

韧带损伤处理方法如下:

(1)弹力绷带做8字形(内侧交叉)压迫包扎,冷敷。
(2)棉花夹板固定,加压包扎、制动,减少出血、止痛。
(3)韧带完全断裂者及时送医处理。
(4)伤后24小时左右可中药外敷或内服、按摩、理疗。

(十)出血

1. 止血

(1)指压止血

①掌指出血:按压桡动脉及尺动脉。

②下肢出血:两手拇指重叠,在腹股沟中点稍下方,将股动脉用力压在耻骨上支上。

③足部出血:压迫足背及内踝后方胫动脉和胫后动脉。

(2)止血带止血

用气止血带(或皮管、皮带)缚在出血部近端,上肢每半小时、下肢每1小时放松一次,以免肢体麻痹或坏死。

2. 包扎

用绷带和三角巾(或布条)包扎出血部位或肢体,结合不同伤部选用环形包扎(图3-3)、扇形包扎(图3-4)、螺旋形包扎(图3-5)等不同包扎方法。

3. 大出血

出血不止或出血致休克者,应及时输血或手术治疗。

图 3-3　　　　　　　　图 3-4

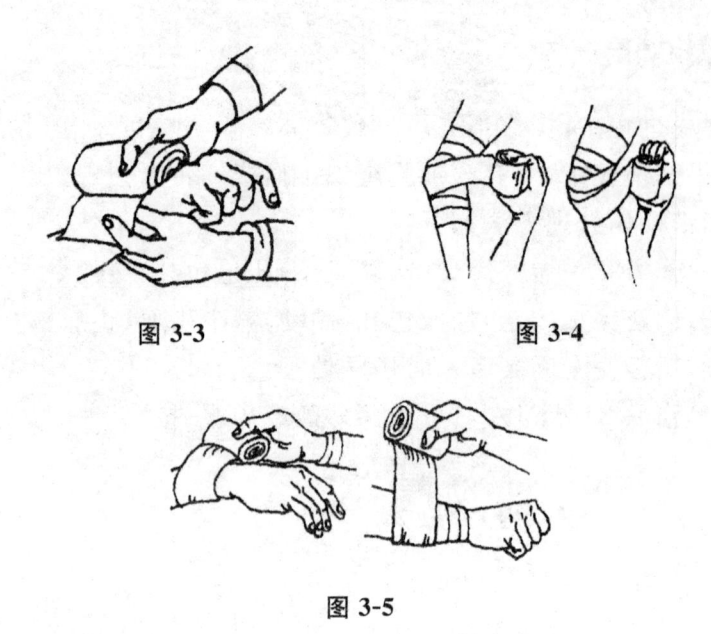

图 3-5

（十一）骨折

骨的完整性遭到破坏的损伤称为骨折,运动健身时,机体遭到被动冲撞、挤压较容易导致骨折。骨折后,骨断裂,有强烈疼痛感,伤部骨骼扭曲,有开放性伤口且严重者可见骨骼。

骨折处理方法如下：

(1)不要随意移动受伤肢体,应固定伤肢。

(2)出现休克现象时,先进行人工呼吸。

(3)伤口出血不止,应及时采取止血措施,并送医治疗。

骨折后,应尽量保持患者伤部固定不动,因此必须掌握以下骨折包扎固定方法。

(1)锁骨骨折包扎固定,可采用横 8 字形绷带法(图 3-6)、双圈固定法(图 3-7)、胶布条固定法(图 3-8)。

(2)尺桡骨干骨折复位后,应用夹板固定(图 3-9),或石膏固定。

图 3-6　　　　　　　　　　　图 3-7

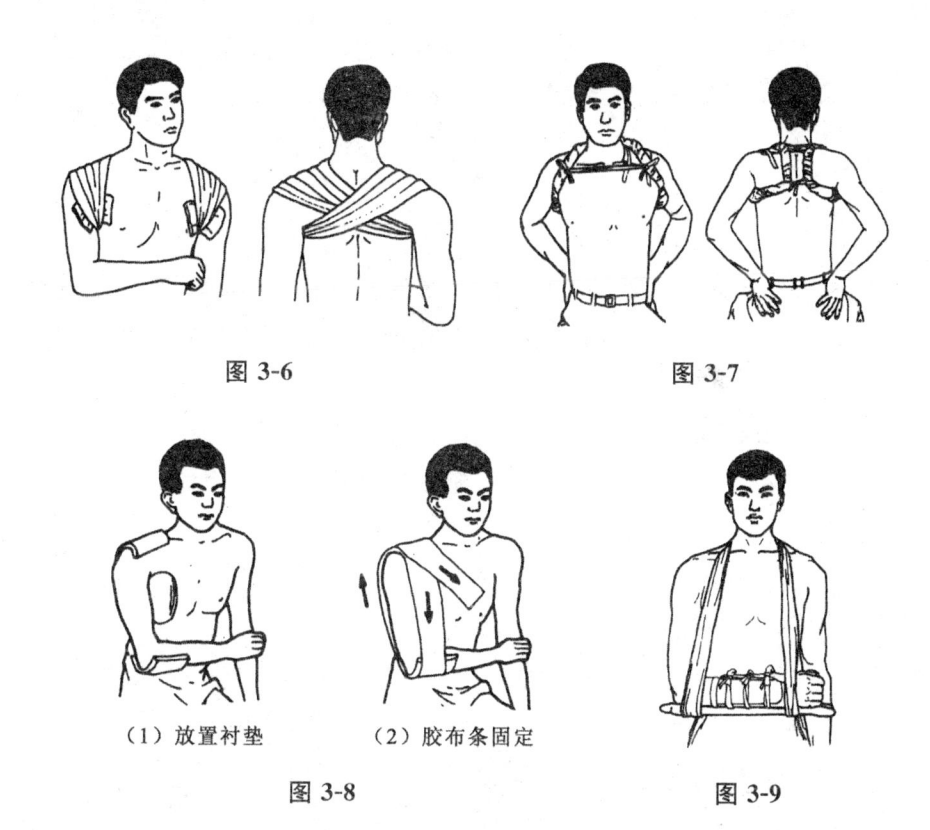

（1）放置衬垫　　（2）胶布条固定

图 3-8　　　　　　　　　　　图 3-9

(3)肋骨骨折,可用胶布固定法,如患者对胶带过敏,可用宽绷带固定(图 3-10)。

(4)小腿骨折,骨折位置不同,注意包扎固定方法与位置的差异(图 3-11)。

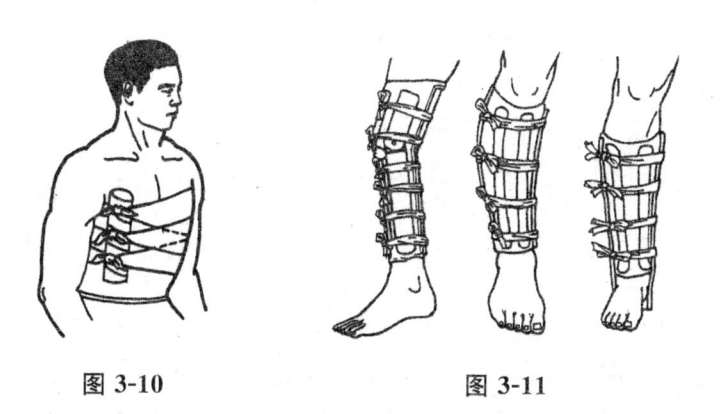

图 3-10　　　　　　　　　　图 3-11

二、常见健身疾病处理

(一)过度紧张

初参与运动健身的人,或较长时间休息后再次参与健身,或某次健身突然加大负荷,可能导致心理压力增大(如担心别人嘲笑、担心旧伤复发)而过度紧张。

过度紧张可令身心产生各种不适,轻者头晕、眼前发黑、面白、无力、站立不稳;严重者会出现嘴唇青紫,呼吸困难,心痛,甚至昏厥。

过度紧张处理方法如下:
(1)停止运动,注意休息。
(2)急救时,患者平卧,衣服松解,同时注意保暖,点掐其内关和足三里穴。
(3)昏迷者,可掐人中使患者苏醒。
(4)休克者,先进行休克处理。

(二)肌肉痉挛

肌肉痉挛,即抽筋,是肌肉的不自主抖动。一般,准备不足时参与大强度运动可导致抽筋,多见于小腿抽筋。身体局部肌肉抽筋可导致肌肉不自主肉强直收缩,僵硬,疼痛,有活动障碍。

肌肉痉挛处理方法如下:
(1)轻者,牵引痉挛肌肉。
(2)腿部肌肉痉挛者,尽力直膝、伸踝、拉长痉挛肌肉。

(三)肌肉延迟酸痛

肌肉延迟酸痛多发生在本次的健身活动量突然超过之前的运动健身量的情况下,是集体肌肉不适应运动负荷的一种表现,往往在运动健身后的第二天,身体局部肌肉酸痛,有涨、麻感。

肌肉延迟酸痛处理方法如下：
(1)局部热敷或按摩。
(2)口服维生素 C 以缓解症状。
(3)按摩、针灸或电疗。

(四)运动性低血糖

低血糖是指个体空腹时血糖浓度低于 50 毫克/分升的一种症状表现。健身时间过长或者运动健身者在饥饿的状态下健身可导致低血糖症的发生。轻者面色苍白、心烦易怒；重者视物模糊、焦虑、昏迷。

运动性低血糖处理方法如下：
(1)平卧、保暖。
(2)饮浓糖水或吃少量食品。
(3)低血糖昏迷者，可针刺人中穴，并迅速就医。

(五)运动性高血压

运动性高血压是运动健身不当引起血压升高的病症，运动负荷过大时容易发病。发病前期和发病过程中，可有头痛、头晕、睡眠不佳，贫血症。

运动性高血压处理方法如下：
(1)调节负荷量，注意休息。
(2)药物治疗。

(六)运动性贫血

医学检查中，正常男子的血红蛋白含量为 0.69~0.83 毫摩尔/升，正常女子的血红蛋白含量为 0.64~0.78 毫摩尔/升。运动中导致个体的血氧供应不足，出现贫血现象，多伴有头晕、恶心、呕吐、气喘、体力下降、疲倦等病症。

运动性贫血处理方法如下：
(1)减少运动量,必要时停止运动。
(2)食用富含蛋白质、铁质、维生素的食物。
(3)服用抗贫血药物。

(七)运动性血尿

在运动健身中,如果运动强度过大,超过运动健身者承受范围有可能引起显微镜下血尿,经检验无原发病的称运动性血尿。检查时,轻者仅可在显微镜观察下出现血尿,严重者有直观的血尿现象,并伴有腹痛、头晕等症状。

运动性血尿处理方法如下：
(1)全面检查,排除病理性血尿,以免误诊。
(2)发现肉眼可见血尿,停止运动。
(3)肉眼可见无明显症状,调节健身负荷,注意观察。

(八)运动性腹痛

运动性腹痛,因运动不当引起的腹部疼痛。一般运动性腹痛经按压可缓解,无其他并发症。生理性腹痛也可由运动健身方法不当引起,人们对此应高度重视。

运动性腹痛处理方法如下：
(1)了解腹痛的性质和部位,排除病理因素。
(2)运动性腹痛,减小运动量或停止运动,调整呼吸、动作节奏。
(3)肠胃炎、阑尾炎、炎症引发的腹痛应及时就医。

(九)中暑

运动性中暑多发生在夏季户外长时间的健身中,是机体处于高温环境,身体体温升高超出生理承受范围而发生的一种高热状态。

中暑处理方法如下：
(1)随时关注运动健身者的生理状态,如有中暑先兆者,到阴凉处避暑,适当饮水,解开衣物,湿毛巾擦拭身体。

(2)对于中暑严重者,应降温、平卧,牵引痉挛肌肉,服含盐清凉饮料或解暑药。

(3)对于中暑衰竭和昏迷者,应降温、平卧,掐人中、涌泉、中冲等穴,服含糖、盐饮料,按摩,尽快就医抢救。

(十)溺水

游泳健身是大众常见运动健身方法之一,游泳健身时,特殊的水运动环境能给健身者带来不一样的运动体验和运动健身益处。但是,游泳健身中也时常有溺水现象的发生,游泳健身过程中,如发现有人溺水,在有能力施救的情况下,应及时采取以下方法施救。

1. 及时靠近溺水者

根据溺水者的具体情况采取不同的方式方法接近溺水者。

(1)溺水者尚有意识,在水中挣扎时,可潜入溺水者身前,双手抓其髋部使溺水者背对自己,手托其腋下使其脸部露出水面(图3-12);或抓溺水者对侧手腕,迅速外拉使溺水者背对自己,脸部露出水面(图3-13)。

图 3-12

图 3-13

(2)溺水者已沉至水底,下潜用一手抓溺水者上体或拽其衣服拉出水面。

2. 拖带

(1)蛙泳拖带。让溺水者两手扶救护者两肩或腰背部进行拖带。

(2)托腋拖带。施救者仰卧水中,抓溺水者双腋,反蛙泳蹬腿游进(图3-14之1)。

(3)夹胸拖带。施救者侧卧水中,一臂从溺水者肩部绕过胸前抓另一侧腋下,另一臂在体下划水,两腿蹬剪腿游进(图3-14之2)。

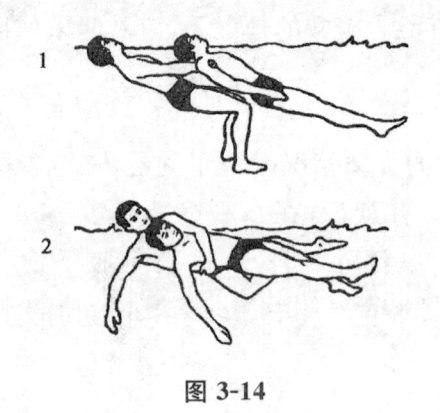

图 3-14

3. 岸上急救

(1)畅通气道。如溺水者有自主呼吸,保持气道通畅。如溺水者无自主呼吸,应迅速清除异物。

(2)排水。将溺水者腹部搁在屈膝的腿上,使溺水者口朝下,压溺水者背部(图3-15)。

图 3-15

（3）心脏复苏。如果溺水者无呼吸，心跳已停止，要立即进行人工呼吸、实施胸外心脏按摩。使溺水者仰卧，施救者骑跪其大腿两侧，两手掌相叠，掌根按其胸骨下端（儿童用一个手掌；婴幼儿用三个手指），两臂伸直，身体前倾，借助体重下压，力达掌根，使胸骨下陷约3～4厘米，迅速放松，掌根不离位，每分钟做60～80次（儿童80～100次/分钟，婴儿大于100次/分钟），直到恢复心跳。

第四章　全民健身的学校健身路径

学校体育健身是全民健身的重要工作内容。全民健身的全民性是非常广泛的,其中青少年儿童是非常重要的群体,应受到重点关注。青少年学生正是接受教育的年龄,且他们的主要时间都在学校度过,落实全民健身工作,抓好学校健身教育,是促进青少年学生群体身心健康发展的重要和有效途径,也是通过青少年学生群体影响更多家庭及家庭长远参与体育健身活动的重要方法。建立健全学校体育健身有助于在全社会培养一个良好的健身氛围,并为未来我国全民健身培养潜在的体育健身人口、体育健身指导员,全面提高我国国民体质健康水平、体育文化素养,促进全民健身的长期可持续发展。

第一节　学校体育与全民健身的协同发展

一、学校体育对全民健身的发展促进

(一)体育人口基础

学生是一个重要的角色,其在学校的主要任务就是学习各种知识、掌握各种技能,为以后走出校园、进入社会奠定良好的个人素质基础。学校作为培养人才的重要基地,在体育教育方面,就是要通过科学的体育教育促进学生的身体、心理、社会健康全面发展,

促进现代化素质教育的实现,为社会发展需要培养合格的人才。

此外,在学校体育教学中,促使学生的体育欣赏素养得到本质提升,有助于使学生的身心健康、全面发展,有助于学生成为一个拥有健康人格品质的人,这对于学生成为未来社会的合格建设者是十分重要的。

(二)体育意识基础

在校园开展学校体育,促进学校体育发展,鼓励越来越多的学生参与到体育运动中来,有助于不断强化学生的体育健身意识。

体育意识表现在多个方面:

(1)体育参与意识。学生的体育参与意识提高可影响作为社会成员的家庭成员积极参与体育。

(2)体育规则意识。体育运动参与过程中,运动者必须遵守相关体育运动项目的运动规则,这种规则意识可以影响运动者的日常生活,有助于良好社会秩序、道德的遵守。

(3)体育道德意识。通过体育参与,接受体育精神、体育道德的洗礼,有助于学生的良好行为习惯的养成,并将良好行为习惯延续到日常生活、学习中去。

(三)培养良好体育素养

学校体育参与,无论是亲身投身到体育运动实践中去,还是通过观赏各种体育活动间接参与体育活动,都有助于丰富学生的体育知识、体育精神、体育道德,有助于提高学生的体育文化素养,对于学生更进一步地关注体育、参与体育具有重要的促进作用,对学生走出校园,在社会中直接或者间接参与到社会大众体育活动中去具有重要帮助作用。

二、全民健身与学校体育的相互促进发展

社会体育与学校体育相互促进、相互受益,并间接促进我国

社会体育事业的发展。

(一)校内外体育活动的融合发展

一方面,在学校体育发展过程中,应落实"健康第一"的指导思想,有效地增进学生的健康、增强学生体质。为此,学校体育就必须走课内外、校内外一体化的整体改革的道路。

另一方面,学校体育发展不能仅仅局限于校园内,这是因为学生在学校的课内时间和空间毕竟有限,所以学校应该将校内外体育活动有机结合起来,将学生的课外、双休日、节假日的时间合理利用起来,同时,将体育课程拓展到家庭、社区、体育俱乐部,以及田野、山林、沙滩等自然环境中去,真正使学校体育冲破课堂束缚,从而学校体育能顺应全民健身共同发展。

(二)大众健身与学校体育的资源共享

大众健身与学校体育发展应该实现资源共享,并且有实现资源共享的可能性。

首先,学校拥有良好的师资力量、专业的体育场馆,这些人力、物力资源可在节假日向社会开放,充分促进大众健身的发展。

其次,大众健身拥有广泛的群众性健身路径,如社区体育健身,这些健身路径可作为学生校外健身锻炼的有益补充。全民健身成果人人共享,包括在校学生。

第二节 基础体能健身

当前,我国学校教育都非常重视青少年学生的体育运动锻炼,在课程内容设置上丰富多样,课内课外重视学生的基础体能练习。在我国各级各类学校中,高校体育场馆与场地设施较为丰富,能为高校学生的课内与课外体能健身练习提供更多便利。学生进行体能健身练习应注意各种体能素质健身的全面性。

一、力量素质健身练习

(一)上肢力量健身练习

(1)提放双肩:双肩向耳朵方向上提,再落下。

(2)屈肘:开立,双手体前反握杠铃,上提,还原,重复练习(图4-1)。

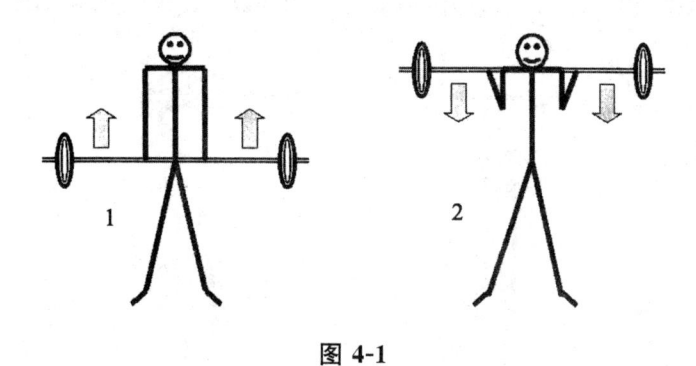

图 4-1

(3)颈后伸臂:开立,双手头后反握杠铃,直臂上举,还原,反复练习(图4-2)。

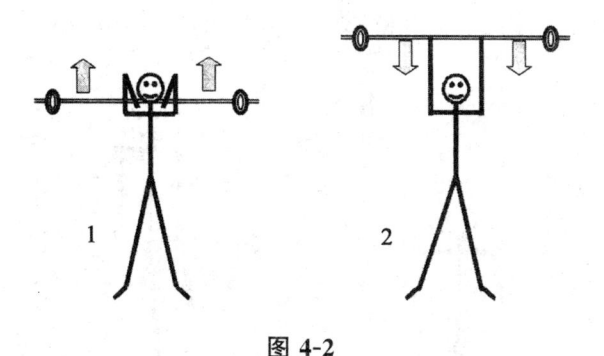

图 4-2

(4)肘部屈伸:开立,双手体前反握杠铃。屈双臂上举,还原,反复练习(图4-3)。

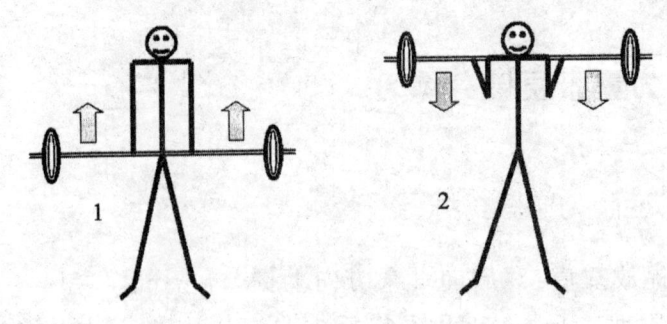

图 4-3

(5)引体向上:双手分开同肩宽,握单杠向上拉引身体(图 4-4)。

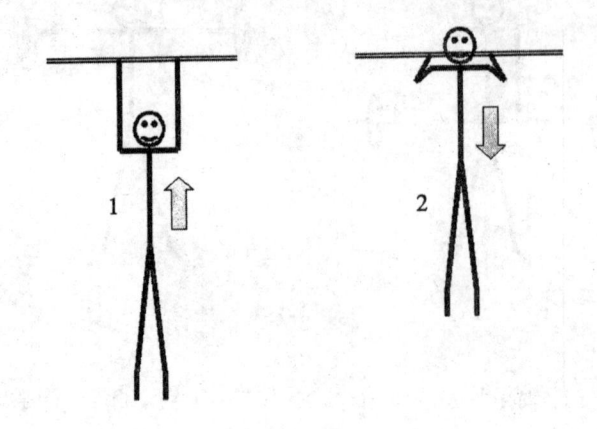

图 4-4

(6)双杠臂撑起:双手撑双杠,直臂支撑身体,还原,反复练习(图 4-5)。

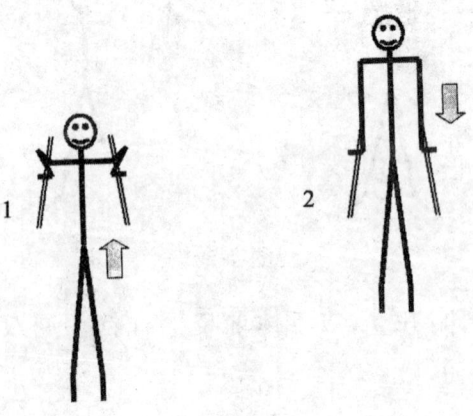

图 4-5

(7)实心球移动俯卧撑:俯卧,身体成一线一手撑在球上,一手和双脚掌撑地,两只手轮撑球做俯卧撑(图4-6)。

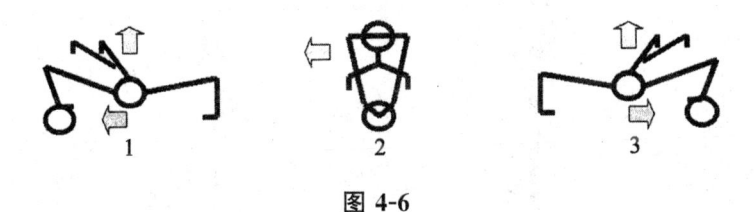

图 4-6

(8)实心球俯卧撑:俯卧,两脚分开,躯干平直,脚尖撑地,双手撑在实心球上,屈肘做俯卧撑(图4-7)。

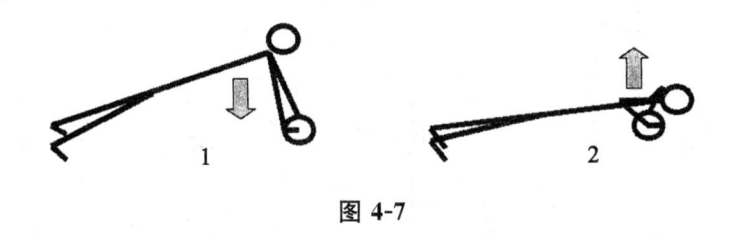

图 4-7

(9)瑞士球俯卧撑:身体斜撑在瑞士球上,成一条直斜线,双手撑在球上,直体悬空,反复做俯卧撑(图4-8)。

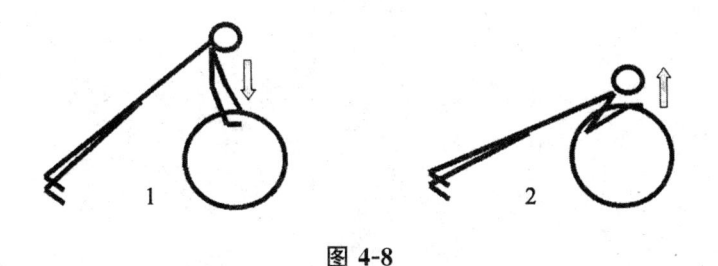

图 4-8

(二)躯干力量健身练习

(1)双手扶腰下推:开立,双手扶腰,前推手掌,展腰,重复练习(图4-9)。

(2)叉腰转体:开立,双手叉腰,上体侧转,头后转,目后视,反复练习(图4-10)。

图 4-9　　　　　　图 4-10

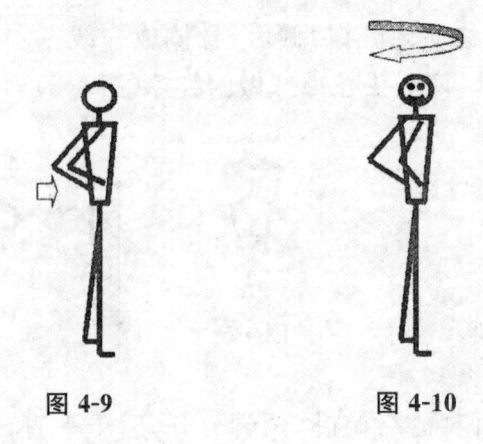

(3)顶墙送髋：前臂靠墙支撑，头靠手，向前送髋，双腿轮流牵拉练习(图 4-11)。

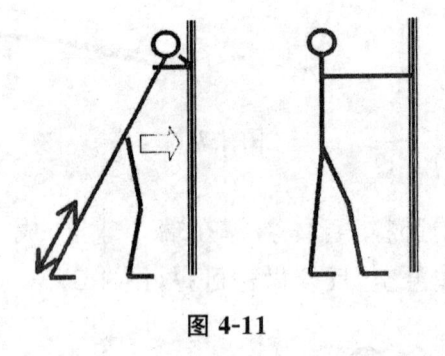

图 4-11

(4)弓箭步压髋：弓箭步，下压后面腿和髋部，换腿反复练习(图 4-12)。

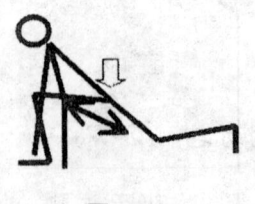

图 4-12

(5)负重转体：开立，屈膝，两手平伸扶杠铃，侧转体 90°，还原(图 4-13)。

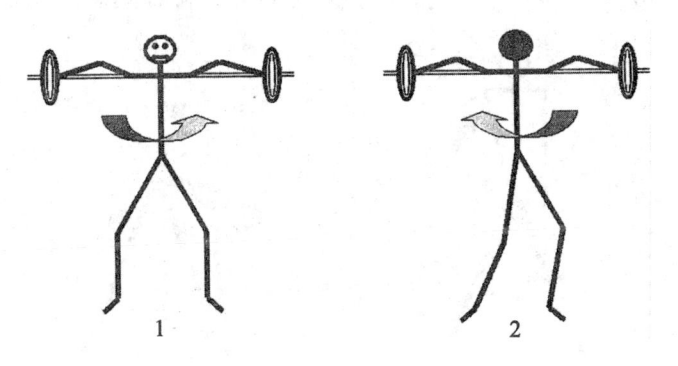

图 4-13

(6)负重屈体:包括负重体侧屈(图 4-14)、负重体前屈(图 4-15)。

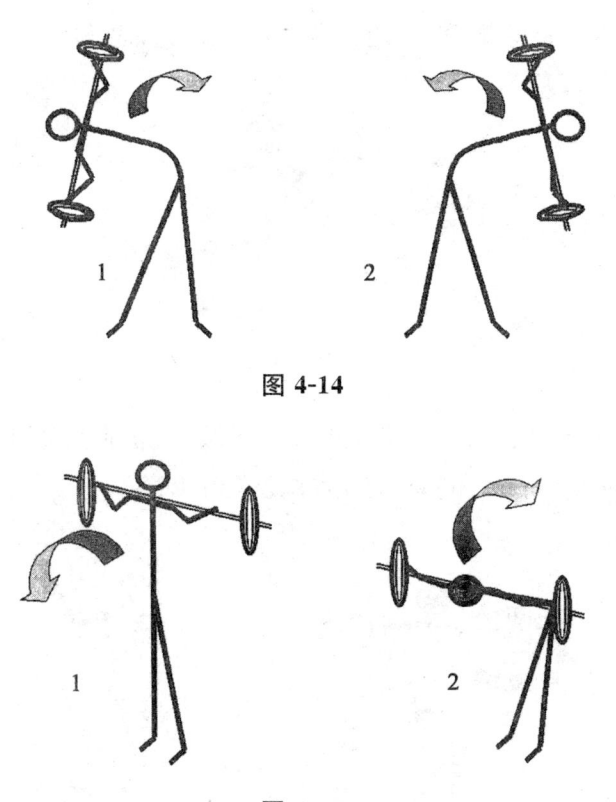

图 4-14

图 4-15

(7)负重屈转体:开立,一手持哑铃,接触对侧脚尖(图4-16)。

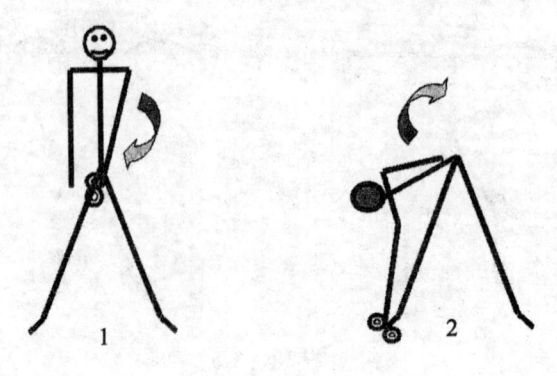

图 4-16

(三)全身力量健身练习

(1)持实心球侧蹲:开立,成侧弓步蹲,直臂前送实心球,反复练习(图4-17)。

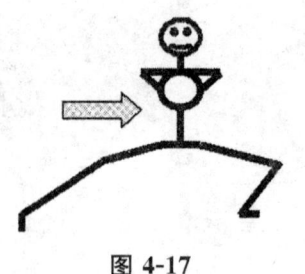

图 4-17

(2)肩上侧后抛实心球:开立,下肢发力带动躯干回转实心球,使球从身体另一侧肩上向后抛出(图4-18)。

图 4-18

（3）球上仰卧起坐：仰卧球上。开立支撑，做仰卧起坐练习（图4-19）。

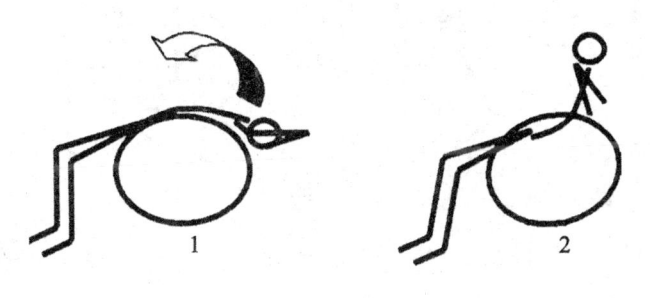

图 4-19

（4）球上仰卧举腿：仰卧球上，握横杠固定双手，直腿上举（图4-20）。

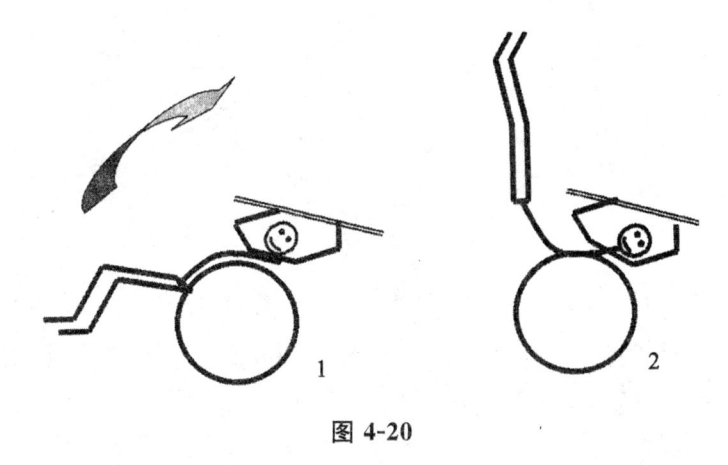

图 4-20

二、速度素质健身练习

(一)反应速度健身练习

（1）两人拍击：两人一组，尝试拍击对方背部，同时防止被击打到（图4-21）。

图 4-21

(2)反应起跳：练习者围圈向内站立，圆心处站一同伴持超过圆半径长杆画圈（速度、方向随意），圆上站立者及时起跳避免被长杆打到（图 4-22）。

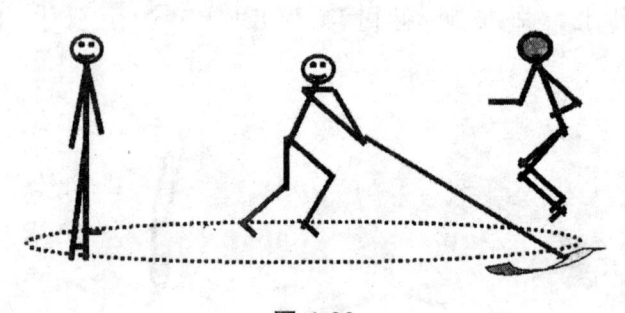

图 4-22

(3)贴人跑：两两前后站立，所有人围圈向内，两名练习者圈外追逐，逃跑者可随意贴靠一组站立，小组另一临边者随即成为逃跑者，始终保持有两人在圈外追逃（图 4-23）。

图 4-23

(4)抢球：准备"练习人数减一"个实心球，绕球圈外慢跑，听口令就近抢球，没抢到球者淘汰，直到剩最后一人（图 4-24）。

图 4-24

(二)动作速度健身练习

(1)纵向飞鸟:开立,双手掌心向内,体侧持握杠铃片,向体侧直臂快速提起至头顶,再还原(图 4-25)。

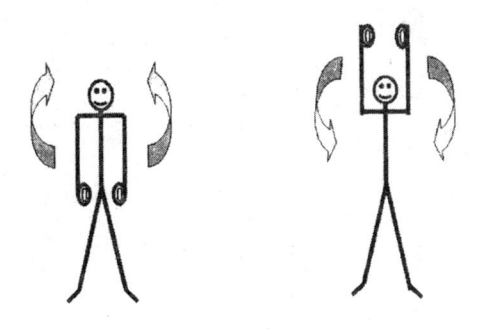

图 4-25

(2)横向飞鸟:开立,双手掌心向内,双臂体前平举杠铃片,沿体侧向后直臂水平快速移动杠铃片至最大限度,再还原(图 4-26)。

图 4-26

(3)仰卧快速斜推哑铃:背部仰卧瑞士球上,双臂连续快速上推哑铃(图4-27)。

图 4-27

(4)跳栏架:两脚起跳依次通过一定高度的栏架,反复练习(图4-28)。

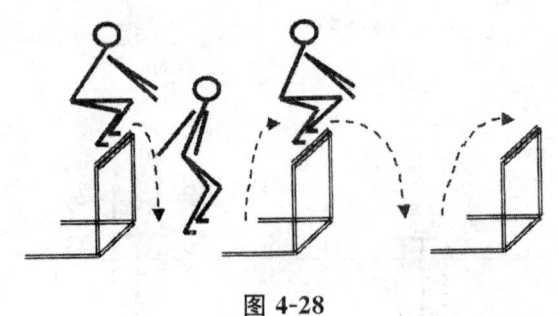

图 4-28

(5)跳接实心球:开立,背向球,双脚夹球,起跳,抛球,转身接球(图4-29)。

图 4-29

(三)位移速度健身练习

(1)摆臂:双脚并拢,快速前后摆臂,肘关节曲90°。
(2)脚回环:单腿支撑,手扶固定物维持平衡。一只脚以短跑动作进行回环练习(图 4-30)。

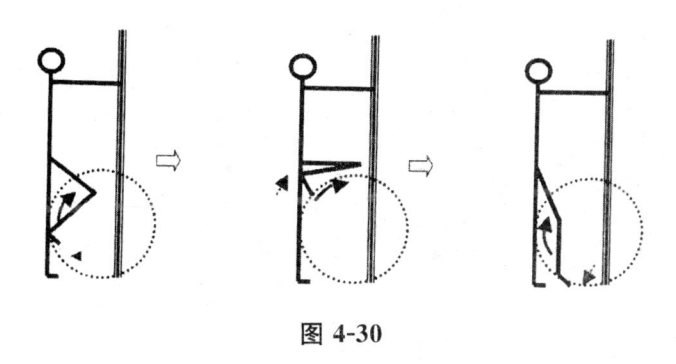

图 4-30

(3)高抬腿跑绳梯法:单脚落地,快速跑完每个格子中间距大约是 50 厘米的绳梯(图 4-31)。

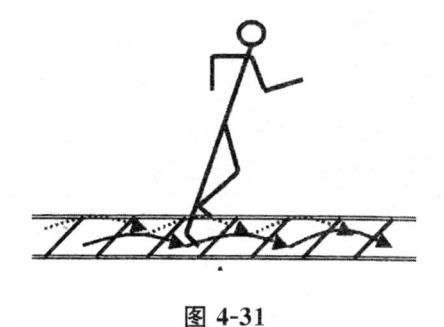

图 4-31

(4)高抬腿跑绳梯:双脚在同一格内落地,尽快跑过每格约 50 厘米间距的绳梯(图 4-32)。

图 4-32

(5)拖轮胎跑:腰部牵拉一个汽车轮胎,快速跑进(图4-33)。

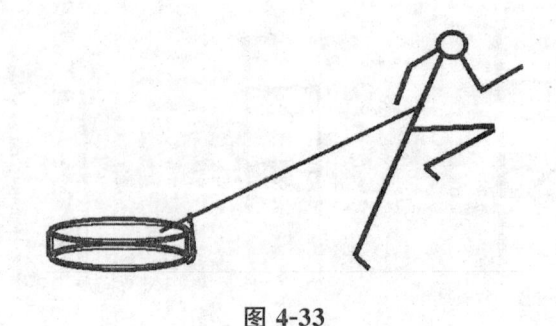

图 4-33

三、耐力素质健身练习

(一)有氧耐力健身练习

(1)持续走:以80%～85%的运动强度走3000～6000米。
(2)重复走:在规定时间内完成一定距离(如400米)的竞走练习,4～5组,间歇5分钟。竞走段落应短于专项距离。
(3)间歇跑:在30秒完成200米跑,练习6组,以200米慢跑作为间歇。
(4)定时跑:进行15分钟左右的定时跑练习,时间更长一些也可,保持50%～55%的练习强度。
(5)水中快走或大步走:在深30～40厘米的水池中快速走或大步走。

(二)无氧耐力健身练习

(1)间歇行进间跑:进行30米、60米、80米、100米等短距离的行进间跑练习。
(2)沙滩跑:在沙滩上进行快慢交替跑练习。
(3)反复变向跑:听口令或看信号做不同方向的变向跑。
(4)法特莱克跑:变速跑3000～4000米,变速方法可采用阶梯式。

(5)俄式间歇跑:采用固定练习中间休息时间,逐渐缩短跑的中间休息时间。

四、柔韧素质健身练习

(一)上肢柔韧健身练习

(1)背后拉毛巾:两臂背后一手上一手下相接握一条毛巾,两手逐渐靠近(图4-34)。

图 4-34

(2)向内旋腕:双臂前伸,手腕尽量内旋,双手分离,反复练习。

(二)躯干柔韧健身练习

(1)拉肩练习:可进行背向压肩(图4-35)、向内拉肩(图4-36)、向上拉肩(图4-37)等练习。

图 4-35

图 4-36　　　　　　图 4-37

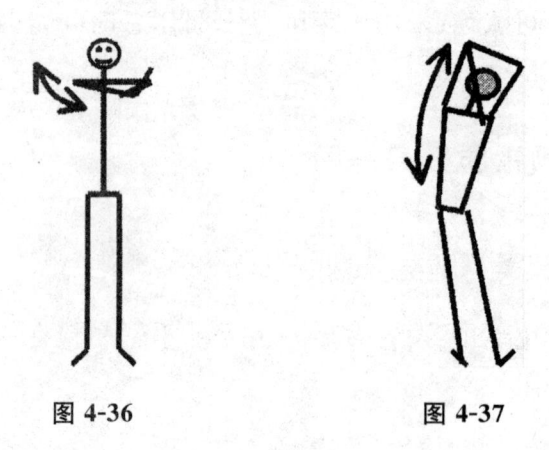

（2）拉颈练习：包括前拉头（图 4-38）、侧拉头（图 4-39）、仰卧前拉头（图 4-40）等方法。

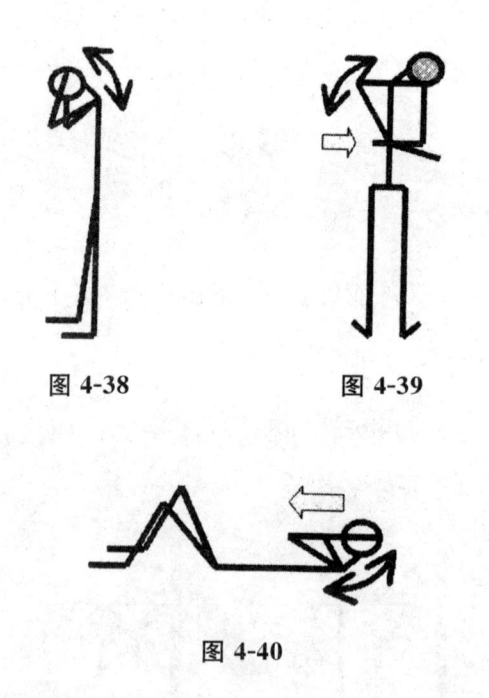

图 4-38　　　　　　图 4-39

图 4-40

（3）站立伸背：开立，双手扶杆，上体前倾与地面平行；四肢伸直，屈膝，上体下压，背部下凹成背弓（图 4-41）。

图 4-41

(4)坐立拉背:坐立,屈膝,抱腿,向前下拉肯(图 4-42)。

图 4-42

(5)跪立背弓:跪立,脚尖向后。上体后仰,双手扶脚跟(图 4-43)。

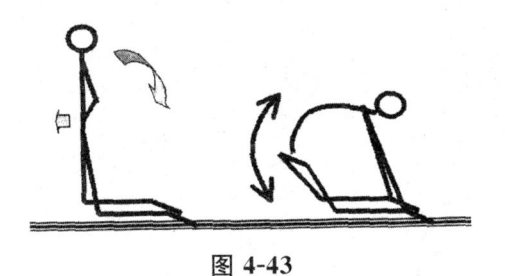

图 4-43

(6)俯卧背弓:俯卧,后举腿;双手抓住双踝,提起胸部和双膝(图 4-44)。

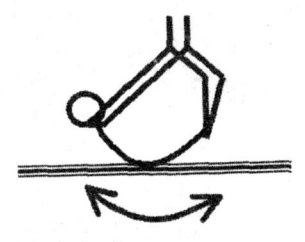

图 4-44

(三)下肢柔韧健身练习

(1)仰卧提腿:仰卧,直膝抬腿,与地面呈 90°(图 4-45)。

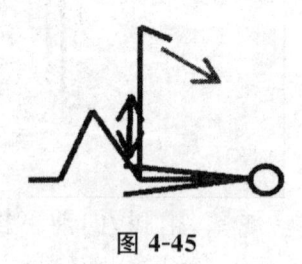

图 4-45

(2)仰卧提膝:仰卧,屈膝抬腿,双手拉膝贴胸(图 4-46)。

图 4-46

(3)直膝分腿坐压腿:双腿左右分开,转体,上体前倾贴在一条腿上(图 4-47)。

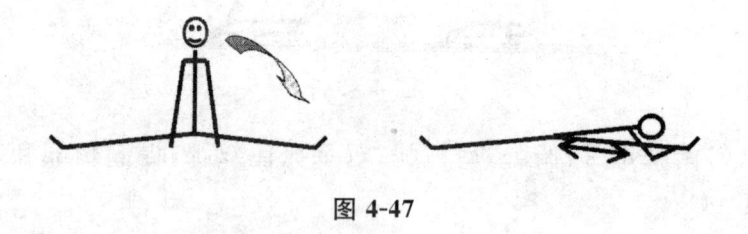

图 4-47

五、灵敏素质健身练习

(1)前、后滑跳移动。

(2)弓箭步转体:由(左)弓箭步姿势开始,听到"开始"信号后,两脚蹬地跳起,身体向左(右)转 180°成(右)弓箭步。

(3)秒立卧撑跳转体：先完成一次立卧撑，即刻接原地跳转180°。

(4)团身跳：原地双脚向上跃起，腾空后两腿迅速团身收紧，下落还原站立姿势。

(5)各种变化方式（动作、方向、速度）的跑的练习。

第三节　健身操舞健身

一、健美操健身

（一）上肢动作健身练习

1. 手型

健身健美操的基本手型动作主要有如下几种，手型动作姿态如图4-48所示。

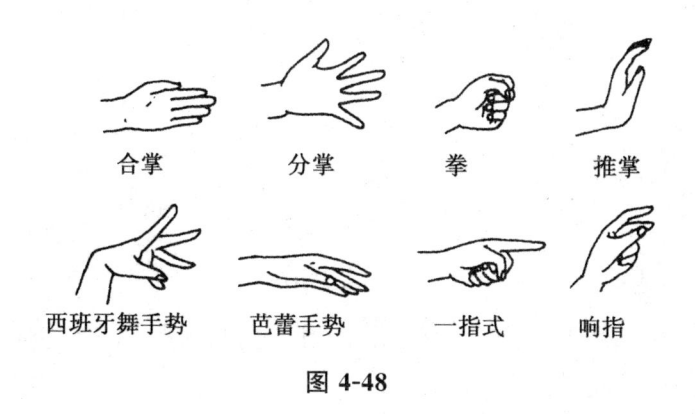

合掌　　分掌　　拳　　推掌

西班牙舞手势　　芭蕾手势　　一指式　　响指

图 4-48

2. 手臂动作

(1)举：开立，上体正直，以肩为轴，手臂向各个方向移动并固定(图4-49)。

前举　　　　　后举　　　　　侧举

侧上举　　　　侧下举　　　　上举

图 4-49

(2) 屈：开立，上体正直，肘关节由曲到直或由直到曲(图 4-50)。

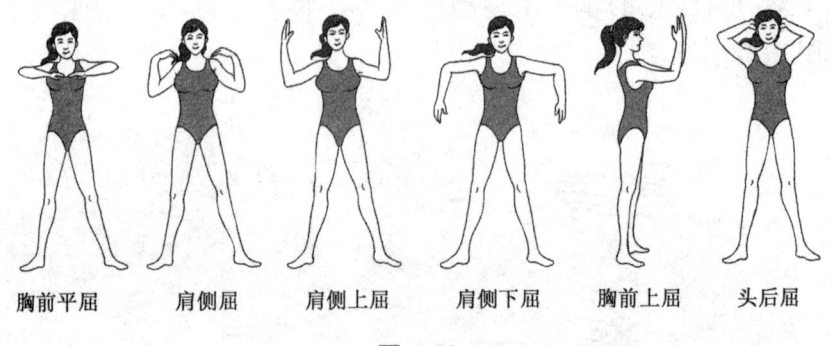

胸前平屈　肩侧屈　肩侧上屈　肩侧下屈　胸前上屈　头后屈

图 4-50

(3) 绕、绕环：开立，上体正直，两臂或单臂以肩为轴弧线向内、外、前、后绕或绕环(图 4-51)。

(二)头颈动作健身练习

(1) 屈：身体正直，头部向前后左右做颈部关节弯曲(图 4-52)。
(2) 转：头正直，下颌平稳左右转动 90°(图 4-53)。

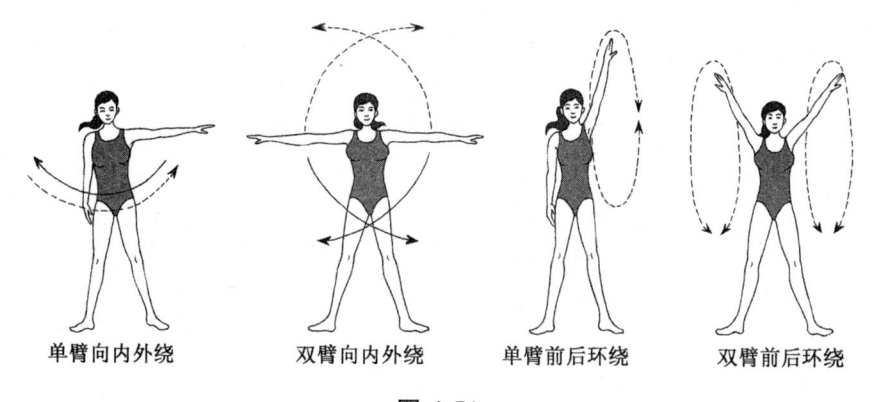

单臂向内外绕　　双臂向内外绕　　单臂前后环绕　　双臂前后环绕

图 4-51

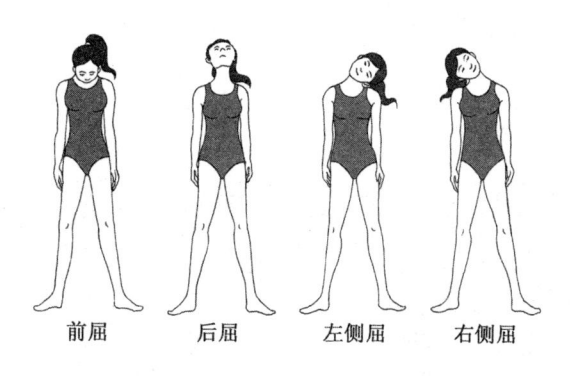

前屈　　后屈　　左侧屈　　右侧屈

图 4-52

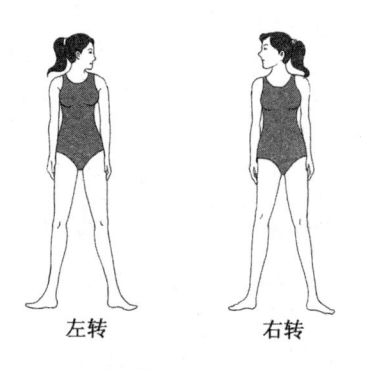

左转　　右转

图 4-53

(3)环绕:头正直,头颈部沿身体垂直轴向左、右转动 360°或沿身体垂直轴向左或右环绕(图 4-54)。

左环绕

图 4-54

(三)躯干动作健身练习

1. 肩部动作

(1)提肩:开立,上体正直,肩部沿身体垂直轴尽量上提(图 4-55)。

单提肩　　双提肩

图 4-55

(2)沉肩:开立,上体正直,肩部(双肩)沿身体垂直轴向下沉落(图 4-56)。

(3)绕肩:开立,上体正直,肩部(单肩或双肩)沿身体前后上下四个方向绕动(图 4-57)。

沉肩　　　　　单肩环绕　　双肩环绕

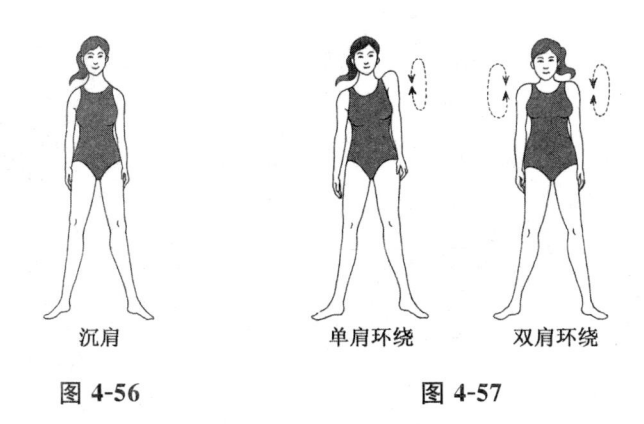

图 4-56　　　　　图 4-57

2. 胸部动作

(1)含胸、挺胸:含胸时低头,收腹,收肩,背弓;挺胸时抬头,挺胸,展肩。

(2)移胸:髋部固定,以腰腹发力,带动并跟随胸部左右移动。

3. 腰部动作

(1)屈:开立,腰部伸展,向前或向侧做拉伸运动(图 4-58)。

前屈　　后屈　　左侧屈　　右侧屈

图 4-58

(2)转:开立,结合迈步移动重心,腰部带动身体沿垂直轴左右转动(图 4-59)。

(3)绕和环绕:开立,与手臂动作相结合,腰部做弧线或圆周运动(图 4-60)。

左转　　　　　　右转　　　　　　左环绕　　　　　　右环绕

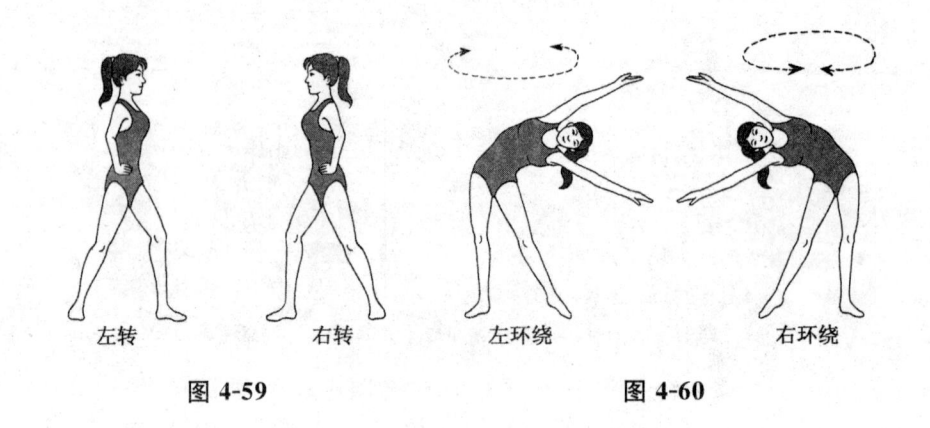

图 4-59　　　　　　　　　　图 4-60

4. 髋部动作

(1)顶髋:开立,一腿伸直支撑、一腿屈膝内扣,上体正直,双手叉腰,向前后左右方向顶髋(图 4-61)。

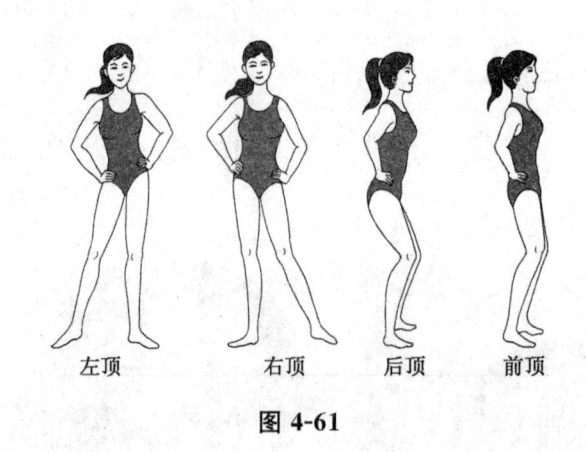

左顶　　　　右顶　　　　后顶　　　　前顶

图 4-61

(2)提髋:开立,体侧曲臂,半握拳,向左、右上提髋(图 4-62)。

(3)绕和环绕:开立,双手叉腰,髋向左、右方向做弧线或圆周运动(图 4-63)。

(四)下肢动作健身练习

(1)直立、开立:如图 4-64 所示。

(2)点立:直立,叉腰,伸出一条腿做点立或双腿提踵立(图 4-65)。

第四章　全民健身的学校健身路径

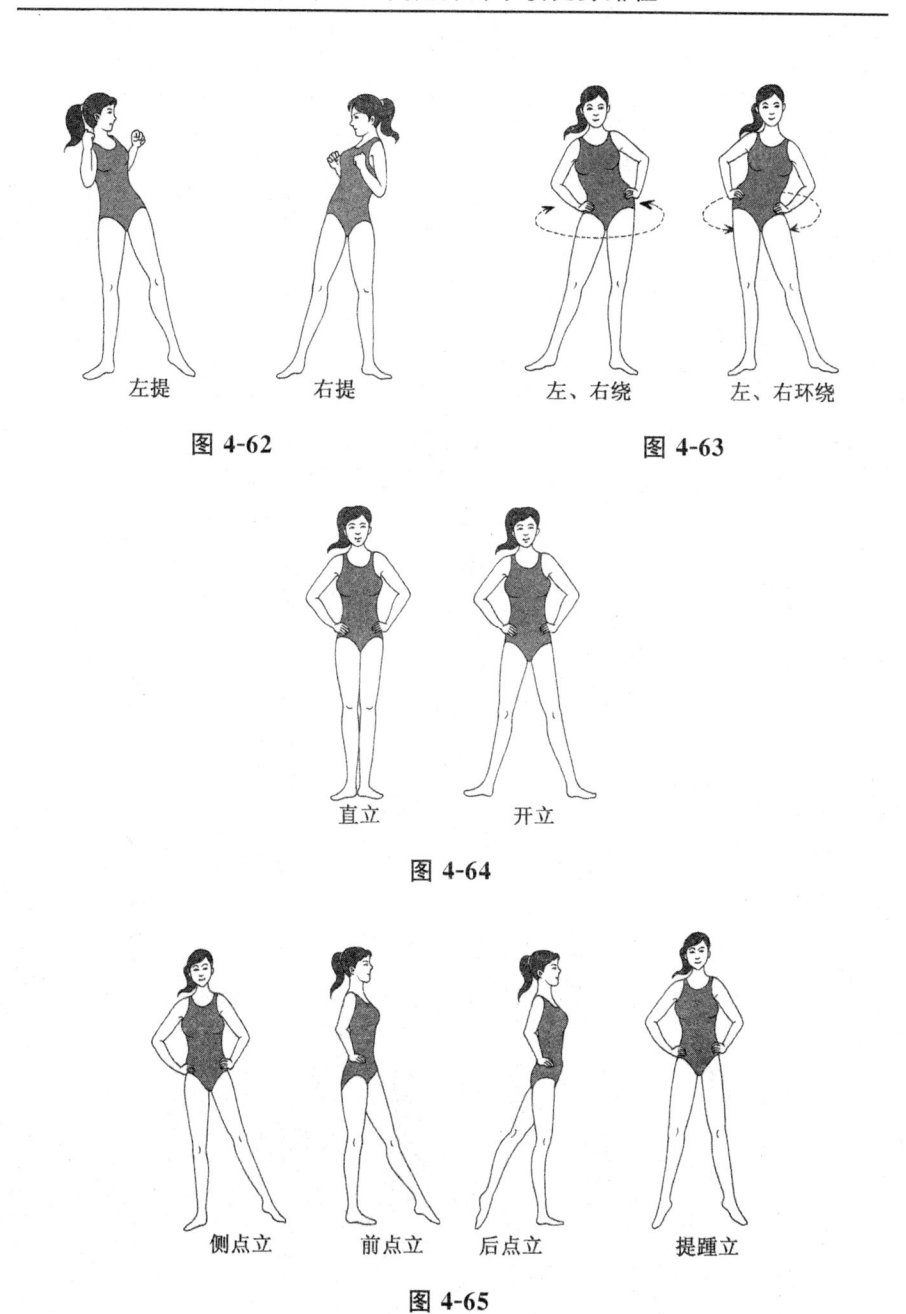

左提　　　右提　　　　　左、右绕　　左、右环绕

图 4-62　　　　　　　　　　图 4-63

直立　　　开立

图 4-64

侧点立　　前点立　　后点立　　提踵立

图 4-65

（3）弓步：双手叉腰，大步迈出一腿，做前、侧、后屈的动作（图 4-66）。

（4）踢：自然站立，双手叉腰，腿向各个方向摆踢（图 4-67）。

前弓步　　　侧弓步　　　后弓步

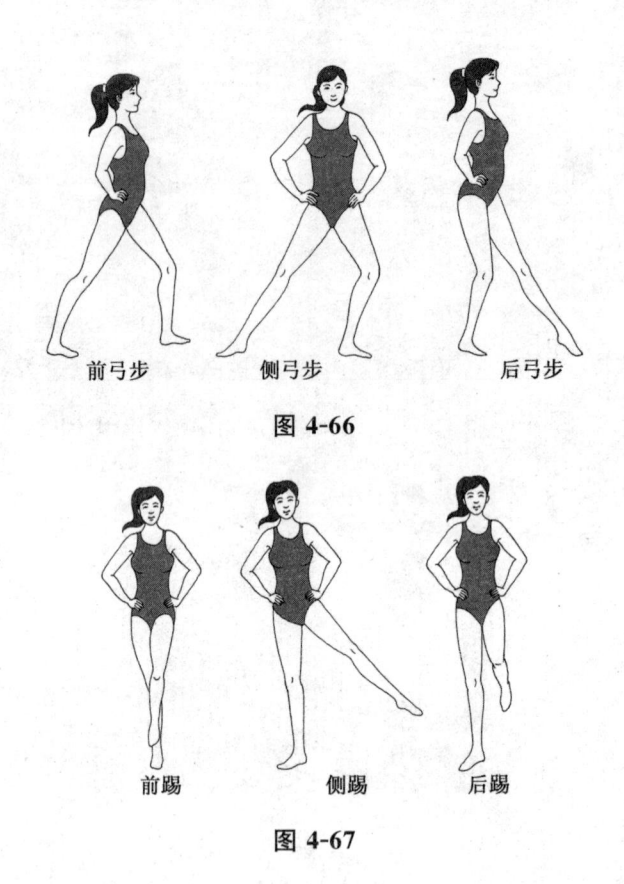

图 4-66

前踢　　　侧踢　　　后踢

图 4-67

(5)弹:自然站立,双手叉腰,双腿做正向、侧向的弹动(图 4-68)。

(6)跳:自然站立,双手叉腰,做各种姿势的腿部跳动(图 4-69)。

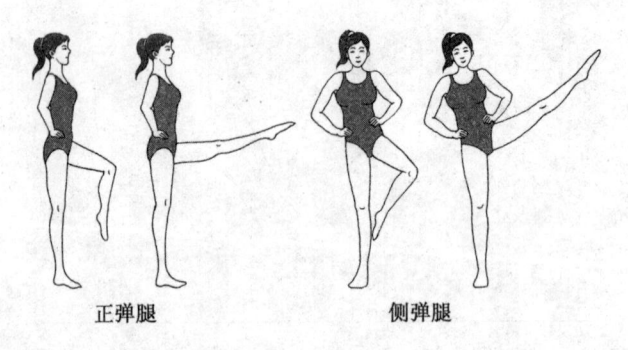

正弹腿　　　　侧弹腿

图 4-68

· 110 ·

并腿跳　　　开并腿跳　　　踢腿跳

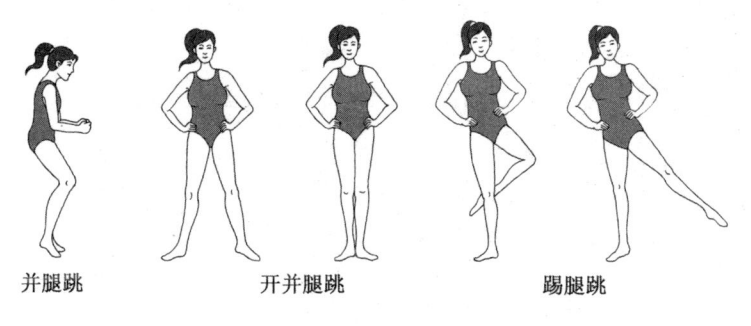

图 4-69

二、体育舞蹈健身

体育舞蹈包括摩登舞和拉丁舞两大舞系,这里重点就两个舞系中的华尔兹与伦巴基本舞步练习进行简析。不同学生可选择自己喜欢的舞种的舞步进行练习。

(一)华尔兹基本舞步健身

华尔兹基本健身舞步学练内容与方法具体如下:

1. 前进步

华尔兹前进步的基本舞步如图 4-70 所示。

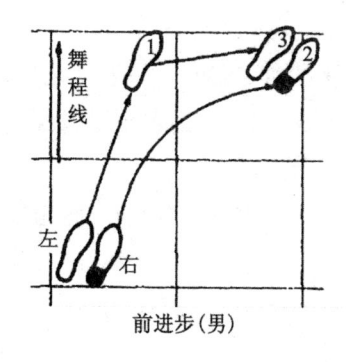

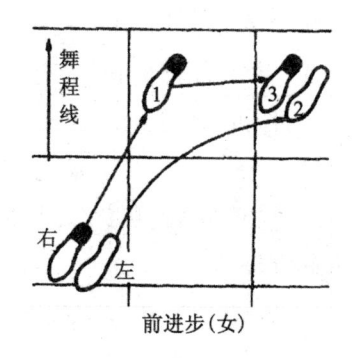

前进步(男)　　　前进步(女)

图 4-70

(1)男伴左足前进；女伴右足后退。
(2)男伴右足横步；女伴左足横步。
(3)男伴左足并于右足；女伴右足并左足。

2. 换并步

华尔兹换并步的基本舞步如图 4-71 所示。

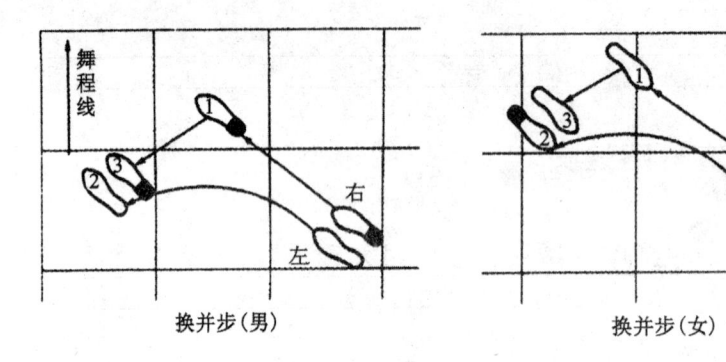

换并步(男)　　　　　换并步(女)

图 4-71

(1)男伴右足前进；女伴左足后退。
(2)男伴左足前进横步；女伴右足后退横步。
(3)男伴右足并步；女伴左足并步。

3. 侧行追步

侧行追步共有四步，由开式舞姿开始，节奏为 1、2、&、3。

(1)男伴右脚前进并交叉于反身动作位置，着地时先脚跟后脚掌；女伴左脚前进并交叉于反身动作位置，先脚跟后脚掌着地，左转。

(2)男伴左脚横步，着地时用脚掌；女伴右脚横步，脚掌着地，1～2 转 1/8 周。

(3)男伴左脚并与右脚，着地时用脚掌；女伴左脚并与右脚，脚掌着地，2～3 转 1/8 周。

(4)男伴右脚横步稍后，着地时先脚掌后脚跟；女伴右脚横步稍后，先脚掌后脚跟着地。

4. 踌躇步

(1)男伴左脚前进左转;女伴右脚后退开始左转。

(2)男伴右脚横步1~2转1/4周,脚掌着地;女伴左脚横步1~2转1/4周,脚掌着地。

(3)男伴左脚并与右脚不置重量2~3转1/8周(掌跟重心在右脚);女伴右脚并与左脚不置重量2~3转1/8周(掌跟重心在左脚)。

(二)伦巴基本舞步健身

1. 扇形步

该舞步动作共1小节3步,如图4-72所示。

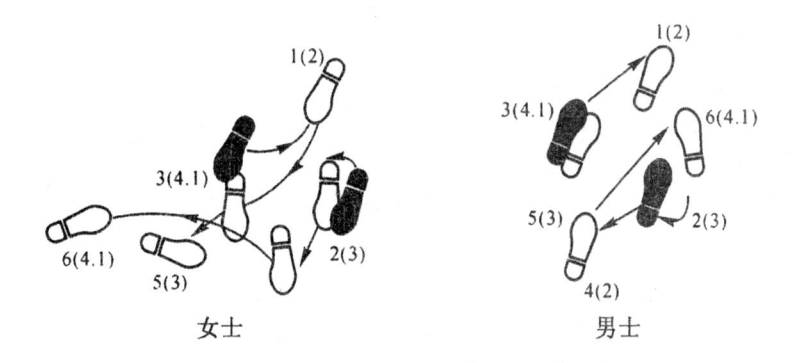

图 4-72

(1)男伴右脚后退;女伴左脚前进,准备向左转。

(2)男伴重心前移至左脚,右手带领女伴左转;女伴上右脚准备左转,右脚后退。

(3)男伴右脚与女伴分离,左手握女伴右手;女伴左脚后退;男伴重心移至右脚,摆右胯;女伴重心移至左脚,右胯摆转。

2. 曲棍步

该舞步动作共2小节6步,如图4-73所示。

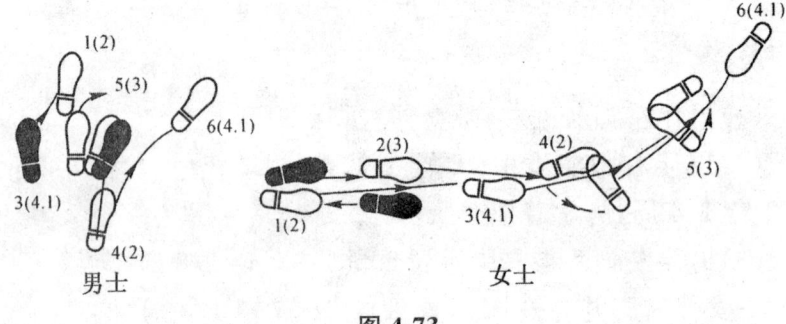

图 4-73

（1）男伴左脚前进；女伴右脚收并左脚，拧胯，重心移至右脚收腹上提，两脚相夹。

（2）男伴重心后移至后脚，收腹上展；女伴左脚前进，手臂打开。

（3）男伴左脚并右脚，左手拇指向下锁住女伴；女伴右脚前进，手臂前上。

（4）男伴右脚后退，右转 25°，手指相接；女伴左脚向左斜出前 25°前进。

（5）男伴重心前移至左脚；女伴右脚横步稍前，左转 5/8 周与男伴相对位。

（6）男伴右脚前进，从第 4 步至第 6 步共转 1/8 周；女伴左脚后退，从第 4 步至第 6 步共转 5/8 周。

3. 螺旋步

伦巴螺旋步舞步动作如图 4-74 所示。

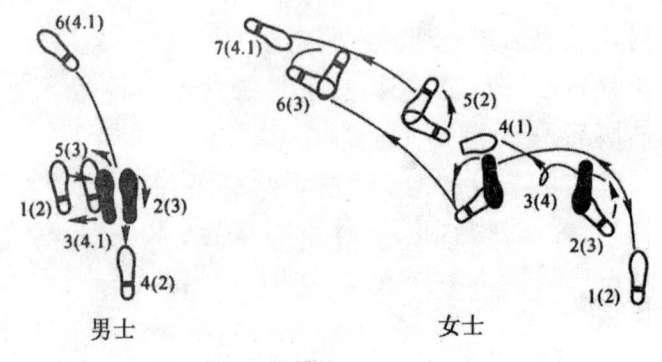

图 4-74

(1)男伴(团式舞姿开始)左脚踏步,左转1/8周;女伴右脚后退,右转3/8周。

(2)男伴重心移向右脚;女伴重心移至左脚注意借助男伴手腕子的力。

(3)男伴开右脚,然后将重心移向左脚,节奏4.1,男伴引导女伴旋转;女伴右脚交叉踏在左脚前,以右脚掌为轴左拧转,与男伴相对后再左拧转,从3到4.1共转360°后右脚交叉左脚前。

4. 阿莱曼娜

舞步动作如图4-75所示。

(1)男伴从扇位开始,左脚前进半重心;女伴右脚掌向左脚并步,脚跟踏下拧胯。

(2)男伴重心后移右脚,退步要小些;女伴左脚前进,展示腿形的美。

(3)男伴左脚并右脚,手过头成30°角;女伴右脚前进靠近男伴,不要超男伴领带线,在1的后半拍(&)时略向右转。

(4)男伴右脚后退,步子要小些;女伴以右脚为轴,向男左臂下转1/4周左脚在前。

(5)男伴重心移至左脚;女伴左脚为轴,继续右转1/4周,右脚前进。

(6)男伴右脚并左脚,重心转换清晰;女伴左脚前进,右转1/4周成闭式。

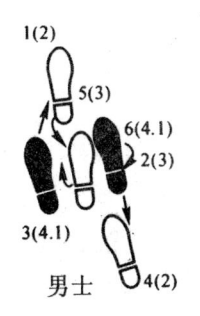

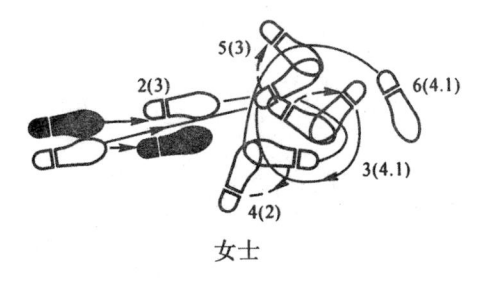

图 4-75

第四节　球类健身

球类运动内容丰富，种类多样。学校体育教学中，球类运动是学生参与人数多的体育运动类别。这里重点介绍学生参与较多的乒乓球与学校近年来重点开展的足球项目的基本技术动作内容与方法，以供学生参考进行健身学练。

一、乒乓球健身

（一）握拍技术健身练习

1. 直拍握法

（1）直拍快攻握拍法：包括大嵌式握法、中嵌式握法（图 4-76）和小嵌式握法三种。

（2）直拍横打握拍法：拇指斜压拍面，食指伸直；其他三指自然伸展开，中指和无名指指尖抵住板面，拍柄左侧紧贴虎口（图 4-77）。

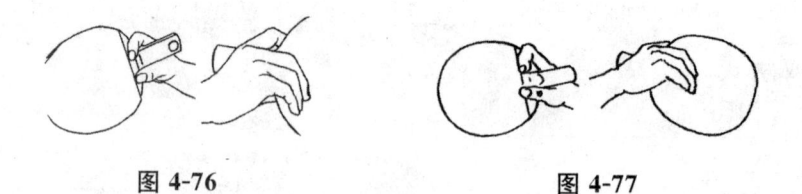

图 4-76　　　　　　图 4-77

（3）直拍削球型握拍法：大拇指和其余四指分别握拍的两面（图 4-78）。

（4）直拍弧圈握拍法：也称"八"字式握法，具体握拍手法如图 4-79 所示。

图 4-78　　　　　　　　　　图 4-79

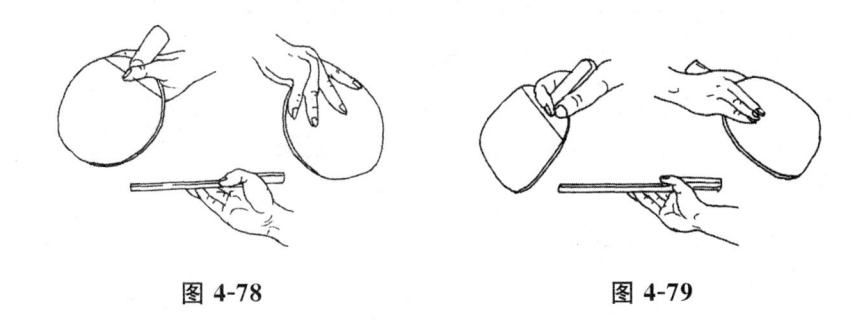

2. 横握法

(1)深握法：虎口紧贴球拍，拍形稳定(图 4-80)。
(2)浅握法：虎口轻微贴拍，手腕灵活(图 4-81)。

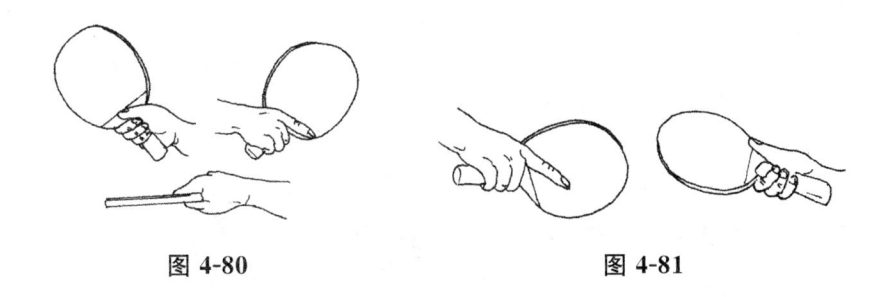

图 4-80　　　　　　　　　　图 4-81

(二)发球技术健身练习

以正手发球为例，常见发球技术动作如下：

(1)发平击球：以左脚在前的近台站位为例，左手抛球，右臂稍后引拍；由右后向前挥拍，拍形前倾，击球中上部。

(2)发急球：以左脚在前的近台站位为例，左手抛球，球降至约与球网高度相同时，拇指压拍，使拍面略左斜，摩擦球的右侧中上部。

(3)发转与不转球：以右手持拍、站位靠近左半台为例，抛球同时执拍手向后上方引拍。拍面后仰，向前或向下挥拍。

(三)接发球技术健身练习

乒乓球常见接发球技术主要有以下几种：

(1)接上旋（奔球）球时，用正反手攻球或推挡回接。

(2)接下旋长球时，可用搓球、削球、提拉球回接，注意多向前用力。

(3)接转与不转球时，可轻轻地托一板或撇一板，注意弧线和落点。

(4)接侧上、下旋球时，可用攻球和推挡（搓球或拉球）回接。

(5)接近网短球时，用快搓、快点或台内突击回接，注意手腕和前臂发力。

(四)推挡球技术健身练习

1. 快推

两膝微屈，收腹含胸，前臂外旋，拍面稍前倾，看准来球，在来球的上升前期，以稍前倾的拍形推击球的中上部（图 4-82）。

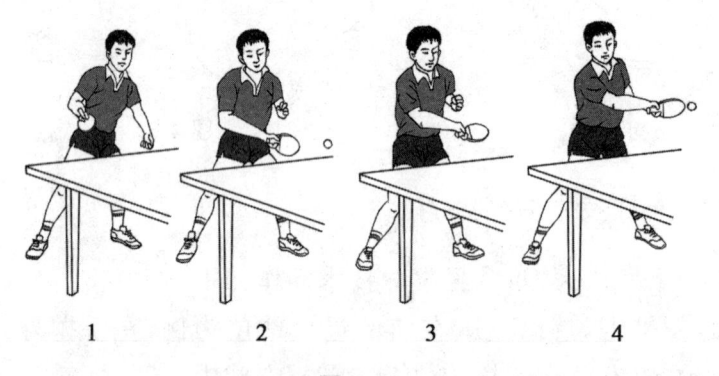

图 4-82

2. 推挤

看准来球，在来球触台后弹起的上升期，触球的左侧中上部，沿球体向左下方用力，以摩擦为主。

3. 快挡

(1)正手快挡：当球从台面弹起时，前臂快速向前迎球，手腕略外展，拍稍微竖起，让拍面对着对方左角或右角，触球的中上部。

(2)反手快挡:击球时,拍稍后移,拍形稍前倾,让拍面对着对方左角或右角,触球中上部。

4. 加力推

两膝微屈,收腹含胸,身体向前或略向左转;拍面稍前倾,挥拍迎球,拍形前倾,推击球的中上部(图 4-83)。

图 4-83

5. 减力挡

两膝微屈,收腹含胸,拍面稍前倾,前臂和手腕向前挥拍迎球,在来球的上升期,以前倾拍形推击来球的中上部。

(五)攻球技术健身练习

攻球技术动作内容丰富,以正手为例,简单介绍以下常用技术动作方法。

(1)正手快攻:前臂和手腕向前上方挥动,配合内旋转腕,拍形前倾,在上升期击球中上部(图 4-84)。

(2)正手快带:拍面前倾,固定手腕,球拍高于击球点,击球动作要小,腰髋带动上体左转,在球的上升期击球的中上部。

(3)正手扣杀:以横板为例,上臂发力,左前方挥拍,前倾拍形,在来球的高点期击球的中上部(图 4-85)。

图 4-84

图 4-85

(六)搓球技术健身练习

(1)快搓:手臂外旋使拍面角度稍后仰,上臂前送,配合手腕发力,触球的中下部。

(2)慢搓:右上方引拍,前臂带动手腕向左前下方用力,在球下降后期击球的中下部。

(七)削球技术健身练习

以正手为例,常见削球技术动作方法如下。

(1)正手近削:向上引拍,拍形近似垂直或稍后仰,在来球的上升后期或高点期触球的中下部。

(2)正手远削:球拍上举,身体左转,上臂带动前臂向左前下方用力,拍面后仰,触球中下部。

(3)正手削追身球:前臂稍外旋向右上方引拍,拍面竖立,在下降前期击球的中部或中下部(图 4-86)。

图 4-86

二、足球健身

(一)踢球技术健身练习

1. 脚背正面踢球

踢定位球时,直线助跑,支撑脚脚尖指向出球方向,踢球脚脚背绷直,用脚的鞋带部位击球的后下部(图 4-87)。

图 4-87

踢反弹球时,支持脚在球侧方,踢球腿小腿急速前摆,球刚反弹离地时,以脚背正面击球后中部(图 4-88)。

2. 脚内侧踢球

踢定位球时,踢球腿以髋关节为轴由后向前摆动,脚踝外展,脚尖稍翘，以脚内侧部位对准来球(图 4-89)。

图 4-88　　　　　　　图 4-89

削踢定位球时，摆腿的方向不通过球心，击球的后中部，踝关节内转，使球侧旋沿弧线运行(图 4-90)。

图 4-90

(二)运球技术健身练习

(1)脚背正面运球：与正常跑动时的姿势一样，稍微向前倾斜上体，但步幅不要太大。

(2)脚背内侧运球：身体稍侧转并保持自然放松，上体稍前倾，步幅小，运球腿提起并外展，向前进方向推拨球。

(3)拉球：运球脚的前脚掌放在球的上部或侧上部，支撑脚放在球的侧后方，运球脚触球的同时向后下方用力将球拉回。

(4)运球过人：逼近防守者，用远离防守者的脚控制球，过人时重心要低，通过假动作使对方失去重心，运用拨、拉、扣、挑等技术带球越过对手(图 4-91)。

图 4-91

(三)传接球技术健身练习

1. 传球技术

传球应尽量快速、简练;后场尽量少做横回传,传球前要注意观察周围情况,正确预见同伴及对手意图,同时隐蔽自己传球意图。

2. 接球技术

(1)脚内侧接球

接地滚球时,上体稍前倾,接球脚提起(约一球高),大腿外旋,屈膝,脚触瞬间,快放大腿,用脚内侧作为切面与来球前缘相切,切后随即微上提。

接反弹球时,接球脚提起,膝外转,脚内侧对准球的反弹方向。触球瞬间稍下压,以缓冲球的反弹力量(图 4-92)。

图 4-92

接空中球时,结合临场情况选择接球点,接球腿抬起,脚内侧对准来球并前迎,触球瞬间脚向后下方撤(图 4-93)。

图 4-93

(2)脚背外侧接地滚球

接球腿提起、屈膝、脚内翻、小腿与脚背外侧与地面成一锐角,触球瞬间稍后撤,将球接至所需位置(图 4-94)。

图 4-94

(3)大腿接抛物线来球

移动到位,接球腿大腿抬起,腿触球瞬间下撤,将球接至所需位置(图4-95)。

图 4-95

(4)胸部接球

有挺胸式接球(图4-96)和收胸式接球(图4-97)两种方法,根据来球情况确定使用最佳接球方法。

图 4-96　　　　　　　　图 4-97

(四)射门技术健身练习

足球射门要做到起脚命中,准确是射门的前提和关键。在准确的基础上,射门要突然,角度正确、射门有力,使对方守门员猝不及防,射门未成功,抓住机会立即补射。

(五)守门员技术健身练习

1. 接地面球

跪撑接球时,一腿弯曲,一腿跪撑,两腿之间距离不超过球的直径,两手掌心向上,前迎触球后将球抱于怀中(图 4-98)。

图 4-98

直腿接球时,直膝,弯腰,两腿之间距离不得超过球的直径,两手掌心向上,前迎触球后将球抱于怀中(图 4-99)。

图 4-99

2. 托球

看准来球,以近球侧手臂伸出迎球。触球刹那,手腕后仰,用掌跟部顶推发力,将球向侧或上托出(图 4-100)。

3. 拳击球

及时移动,握紧拳,迅速出拳击球。拳击球有单、双拳击球,单拳击球动作灵活,摆动幅度大,击球力量大(图 4-101)。双拳击球接触球面积大,准确性高。

图 4-100

图 4-101

4. 扑球

针对侧面来球,异侧脚用力蹬地,双手快速向侧伸出,一手置于球后,另一侧手置于球的侧后上方,身体向同侧脚方向倒地,团身抱球(图 4-102)。

针对平空来球,空中展体,伸臂用力抓球,接球后以球、肘、肩、上体、臀、腿外侧依次着地并迅速团身(图 4-103)。

图 4-102

图 4-103

第五章 全民健身的社区健身路径

全民健身落实到基层,抓好基层社区与村民的健身活动开展工作非常重要,这是全民健身工作开展的重中之重。我国基层人民群众的健身活动主要是围绕生活地开展,主要以社区为健身活动空间,依托社区健身路径开展健身活动。广大人民群众不仅通过参与丰富且多样化的社区健身路径提升了身体生理水平和健康水平,也在社区体育健身文化与空间环境中密切了邻里关系,促进了居民关系和谐、加强了社区健身文化建设。随着全民健身活动开展的日益深入,社区健身路径不断增多,这里重点介绍社区不同健身器械的使用过程与方法,以供社区居民科学参考开展健身活动。

第一节 社区体育的功能及市民健身特点

一、社区体育的功能

城市社区体育是指以生活在社区内全体社区成员作为主体,以社区的自然环境及所有体育设施作为物质基础,以增进社区成员的身心健康,满足社区成员的体育需求,同时发展和巩固社区成员之间的社区感情为主要目的,遵循就近就便的原则而开展的区域性群众体育活动。

社区体育具有重要的功能,对全民健身的开展和推进有着重要意义。

（1）整合社会的功能。当前，社区体育已经逐渐成为新的社会调控体系，社区中包含了很多要素，并且这些要素也都发挥着非常重要的社会整合功能。在日常休息中，人们常常会参加各种社区体育活动，社区体育在使社区居民的体育需求得到满足的同时，也能够丰富社区居民的业余文化生活，提高社区居民的身体和心理健康水平，并在对社会进行规范方面发挥重要的作用。通过社区体育，可以进一步对社区进行整合，提高和增强社区的凝聚力。

（2）愉悦身心。随着人们物质生活水平的不断提升，人们已经不再满足于吃得好、穿得好，他们更加追求生活的质量与层次，越来越重视精神文化生活。在这种情况下，社区体育的愉悦身心的功能就得到了极大程度的发挥。所谓社区体育愉悦身心的功能就是社区全体居民通过借助于社区中的自然环境和现有的体育场地设施，来开展以体育活动为主的娱乐活动，并通过参与体育活动来陶冶情操、强健体格，促进身心健康发展。

（3）服务体育需求。社区体育的体育需求服务功能是指通过社区体育的基础性设施能满足社区居民基本的日常体育需求。社区体育服务内容的确定应该首先根据社区的具体实际，以社区所处地区的经济与社会发展情况以及社区体育作为基础，因地、因时制宜，可以先从群众健身领域中的急需项目做起。此外，在社区体育不断发展的过程中，要对其中新的经验进行认真总结，以便使社区体育的服务内容更加充实和完善，从而使社区体育更加趋于完善。

（4）沟通人际关系。当前社会各社区的人员构成较为复杂，并且社区居民在生活习惯、行为方式以及价值观念等方面存在着很大的差异，很难有良好的机会进行交流，这就使得居民之间正常的人际关系出现了问题。社区体育工作通过借助体育这一媒介，在共同参与的过程中使社区内各群体和个人的作用得到充分发挥，合理地整合和改造社区居民的行为方式和价值观念，使社区中存在的各种矛盾和各种利益关系得到缓解和调整,从而使社区内的各种关系变得更加融洽。在参与社区体育活动的过程中,逐步确立群体的行为准则,进而将社区成员的行为纳入一定的行为模式。社区体育工作不光可以使个人关系得到沟通,同样也可以沟通社区中各种组织和单位的关系。通过社区体育联系到一起的各种组织,在参与体育活动过程中相互了解并相互合作,可以为社区体育和整个社区以后的发展奠定良好的社会基础。

(5)改善社区生活方式。作为一项有益的休闲活动,社区体育活动具有很强的吸引力,它能够吸引社区居民在空闲时间参与其中,这在一定程度上使社区居民的业余文化生活得到了丰富,并使社区居民在一定程度上避免了不健康生活方式的侵蚀,能够积极地改善社区居民的生活方式。社区居民生活质量的改善和提高依赖于健康、科学、文明的生活方式,同时也能更好地维护社区秩序稳定。

(6)凝聚社区居民意识。社区体育的凝聚功能主要体现在社区居民心理要素的培养方面,即培养社区居民的社区意识,促使社区居民积极主动地参与社区活动。为了使社区体育更好地发挥凝聚功能,要使所有社区成员都能认识到社区体育是社区成员相互依存的重要内容。社区体育的目的是要使社区成员的体育需求能够得到更好的满足。社区各成员既有享受社区体育发展成果的权利,同时也要承担与社区体育发展相关的义务。

二、市民群体及健身特点

(一)生活方式特点

快节奏,是当代城市生活的一个鲜明的写照,社会的进步给人类带来便捷的同时也改变了人类的生活方式。

首先,当前社会竞争激烈,人们面临着家庭、就业、人际交往等多方面的压力。由此产生的各种心理健康问题不断出现,直接和间接地对自身的健康造成了危害。

其次,科技发展带来了巨大的社会变革,人类社会进入自动化阶段,自动化生产加工逐步解放人力,很多代步工具的出现、网上订餐的流行等,使城市居民的生活越来越便利,由此而导致的缺乏锻炼成为一个影响身体健康的重要因素。

再次,城市居民的经济生活水平与农村相比,普遍较高。高热量的食物摄入、不规律的加班或娱乐等夜生活,导致营养过剩、身体素质下降,冠心病、高血压、糖尿病等各种"文明病"多发。

最后,现代城市的快速发展,导致城市居民的生活环境有恶化的趋势。工业化带来的空气和水质污染、植被减少等,在影响自然环境的同时,也影响人们的生活环境,不健康和不适宜居住的环境产生了雾霾、汽车尾气等,严重侵害人们健康。

(二)健身观念特点

城市居民普遍具有较强的健身观念。

近年来,随着我国社会经济的不断发展,人们的闲余时间日益增多,人们的生活意识也发生了很大的转变,休闲成为城市居民日常生活的重要组成部分。

新时期,我国大力推动"全民健身计划",致力于通过全民健身推动体育强国的建设,体育宣传在城市居民中的影响要远远大于农村居民,体育健身观念深入人心。

在"全民健身"工程的建设过程中,我国在全国基层社区兴建了大量的健身设施,为社区居民创造了丰富的健身路径。城市体育场地设施建设与城市广场、公园、绿地建设紧密结合,为城市居民参与体育健身创造了良好的体育物质基础条件。目前,公共体育场所、公园或广场、单位体育场地是我国城市居民参与体育活动锻炼的主要活动场所。此外,不同类型的社区都拥有各具特色的健身路径和健身场地。

第二节　社区上肢健身器械健身

一、上肢牵引器健身

(一)器械基本构造

上肢牵引器为方便社区居民站立时进行上肢肌肉牵拉所设计,上肢牵引器主要由立杆、挑杆、滑轮和牵引绳索等部件构成,绳索两端装有手柄(图5-1)。

图 5-1

(二)器械健身功能

上肢牵引器男女老少皆可使用,该健身器械主要是通过健身者的自身力量对抗,提高肩的活动能力,有效锻炼肩、手臂、手腕肌肉,增强肩、手肘、手腕的关节灵活性与韧带柔韧性。

(三)健身方法与要点

1. 健身方法

通过滑轮可供练习者自由牵拉,具体健身方法如下:
(1)健身者背对器械双脚开立,双手分别握住两个手柄。
(2)健身者左、右手交替向下牵拉绳索,通过手臂的上下交替屈伸运动,锻炼肩关节及相关部位的肌肉力量。
(3)肩周炎患者健身时,站在牵引器正下方,双臂向上伸直,两手抓握左右手柄,健肢用力向下做牵引动作,利用滑轮迫使患肢缓缓抬起。

2. 健身要点

(1)每组 1~2 分钟,做 2~3 组,组间间隔时间为 30~60 秒。
(2)健身者可根据自身的具体实际合理安排运动负荷。
(3)健身时,重心居中,两臂同时对抗性均衡用力。

二、臂力训练器健身

(一)器械基本构造

臂力训练器由用拱形横梁链接的两根立柱、转轮等组成,供社区居民站立时进行健身练习,健身部件是对称的两个转轮,分列器械两边,用同一转轴相连(图 5-2)。

(二)器械健身功能

臂力训练器是一种需要两个人配合使用的健身器械,两名健身者分别站在臂力训练器的两端,通过双方相同或相反地转动转轮来使手臂肌肉得到充分的锻炼,并提高手臂的活动范围。

图 5-2

(三)健身方法与要点

1. 健身方法

(1)两两一组配合完成健身动作,健身者一人一边站臂力健身训练器两侧,健身者双手握住转轮的边缘,双脚开立与肩同宽。

(2)两人同时向左对抗用力,再同时向右对抗用力转动转轮,往返4~6次。

(3)两名健身者同时向左、向右来回转动转轮。左右转动相结合,使双臂的肌肉得到均衡锻炼和发展。

2. 健身要点

(1)健身负荷与时间因人而异,一般的,可以往返转动10~15次,共做2~3组。组间间隔时间为20~30秒。

(2)两人健身时,彼此用力配合协调一致。对抗用力时,一方不可突然停止用力或撤离。

(3)一人利用臂力训练器进行健身,应酌情控制转动速度与幅度,尽量使手臂得到充足的锻炼但是又不超过肢体活动能力范围。

三、太极揉推器健身

(一)器械基本构造

太极揉推器的基本构造包括支架和转盘。转盘以斜向约60°角成对安装,以配合推手动作的完成(图5-3)。

图 5-3

(二)器械健身功能

太极揉推器以太极拳的推手动作作为基本的健身方式设计而成的社区健身器材,借助太极揉推器,可以使太极运动爱好者进行太极推手的动作练习,对于健身者的上肢灵活性与柔韧性有良好的锻炼作用,同时还有助于上肢肌肉的耐力素质的提高。

(三)健身方法与要点

1. 太极推手

(1)健身准备:健身者面向器械双脚开立,屈膝下蹲、腰背自然放松。双手按压住转盘盘面,双臂微屈。

(2)健身方法:腰臂用力,按顺时针方向转动转盘,重心随手的方向及时移动;然后向逆时针方向转动转盘。

(3)健身负荷:每个方向连续转动10~15次为1组,做2~3组。组间间隔时间为15~30秒。

(4)健身要点:结合健身者时机科学负荷;健身过程中,应做到身随手动,重心随手适时地转换。

2. 太极双盘推手

(1)健身准备:健身者面向转盘,双脚左右开立,稍宽于肩,汉腿微屈,双手分别按压住转盘盘面,双臂微屈。

(2)健身方法:两手同时向内或向外转动转盘。

(3)健身负荷:每组15~20次,2~3组,组间间隔时间为15~20秒。

(4)健身要点:合理安排运动负荷;健身时,手臂协调发力,避免突然地偏向用力,以免导致身体重心不稳而导致扭伤。

四、鞍马训练器健身

(一)器械基本构造

鞍马训练器,顾名思义,其外形与体操比赛中使用的鞍马相似,在健身器材结构部件的构成上,主要由扶手、鞍马座组成(图5-4)。

图 5-4

(二)器械健身功能

鞍马健身器可进行多种形式的健身练习,最基本的器械健身功能就是通过上肢与手臂的支撑来完成各种健身动作。这对于手臂的力量素质提高具有重要的促进作用,同时也有助于上肢肌肉耐力与关节灵活性的提升。

一些直臂或屈臂支撑的练习,对健身者的肩带、上肢和腹部力量要求较高,可令健身者的上肢及全身各部位得到锻炼。

(三)健身方法与要点

1. 斜卧撑

(1)健身准备:面向器械站立。

(2)健身方法:双手握扶手,身体展直成斜面俯撑姿势,做俯卧撑练习,屈臂—推手—快速击掌—还原。反复练习。

(3)健身负荷:斜面支撑控制1~2个8拍为1组,练习2~3组。推撑击掌5~10个为一组,练习2~3组。

(4)健身要点:腰腹用力,躯干平直,负荷合理。

2. 直臂侧撑

(1)健身准备:面向器械站立,

(2)健身方法:双手握住扶手,身体展直、斜面俯撑。身体向左翻转90°,成右臂支撑,左臂上举的侧撑姿势,控制1个8拍后,还原,换另一边练习。

(3)健身负荷:左、右方向各做1个8拍为1组,做2~3组。组间间隔时间30~60秒。

(4)健身要点:支撑姿势时,躯干各部位协调用力,稳定控制身体。

3. 俯撑平衡举腿

(1)健身准备:面向器械站立,双手握住扶手,身体展直成斜面俯撑姿势。

(2)健身方法:俯撑姿势,右手、左腿同时抬起,与身体成一平面。控制1个8拍后还原,然后换另一侧练习。

(3)健身负荷:左、右各做1个8拍为1组,做2~3组。组间间隔时间30~60秒。

(4)健身要点:科学负荷,腰腹用力平衡身体,支撑臂直臂顶肩。

4.直臂仰撑

(1)健身准备:背对器械站立,双手扶扶手,身体展直仰撑。
(2)健身方法:腰腹肌配合用力,做手臂屈撑、推直动作。
(3)健身负荷:连续完成6~10个为1组,做2~3组。
(4)健身要点:科学负荷,手臂屈撑,腰腹用力,躯干平直。

5.仰撑下蹲

(1)健身准备:背对器械站立,双手扶住扶手,身体展直仰撑。
(2)健身方法:屈膝下蹲,同时顺势屈臂,保持片刻后还原。
(3)健身负荷:连续完成10~15个为一组,做2~3组。
(4)健身要点:科学负荷,下蹲时腰背挺直,收腹用力。

6.直角支撑

(1)健身准备:面向器械,两手握住扶手。
(2)健身方法:直臂支撑,同时收腹举腿成直角支撑姿势。
(3)健身负荷:控制4~8秒为1组,做2~3组。
(4)健身要点:科学负荷,直臂支撑、顶肩、收腹,双腿并拢伸直。

7.支撑跳跃

(1)健身准备:健面向器械蹲立,两手握住扶手。
(2)健身方法:蹬地、提臀、屈膝收腿,两腿从两手之间穿过。运动能力强者,两脚落地后迅速屈腿收腹,从两手间穿回到原地。
(3)健身负荷:连续完成6~10次为1组,做1~2组。
(4)健身要点:屈腿迅速,腰腹用力,顶肩提臀、穿腿。注意落地时的身体平衡控制。

第三节　社区下肢健身器械健身

一、健骑机健身

(一)器械基本构造

健骑机,又称"骑马器""健美骑士",是一种社区常见健身器材,在使用过程中健身者在器械上上下起伏,犹如健儿跨骑骏马而得名。健骑机主要由底座、座鞍、脚蹬及把手等部件组成(图 5-5)。

图 5-5

(二)器械健身功能

健骑机是一种有效的锻炼健身者的下肢力量的社区健身器材,健身过程中,通过手脚的相互配合,主要由腿部发力完成健身动作,可以有效锻炼健身者的腿部力量,也有助于健身者的肢体协调性的改善。

(三)健身方法与要点

(1)健身准备:侧立于器械旁,双手正握把手,双脚分别踏脚蹬,坐直,挺胸、立腰。

(2)健身方法:健身时,双腿向下用力蹬伸,同时双臂用力将把手拉至腹前,直至双腿蹬直、身体展直,然后腿、臂放松,利用身体自重,使健骑机回到初始位置。反复练习。

(3)健身要点:握紧把手,上下肢协调用力,等身后身体充分伸展。

二、漫步机健身

(一)器械基本构造

漫步机,又称"太空漫步机"。漫步机主要由底座、斜型支撑、把杆、悬臂及踏板等部件组成(图5-6)。在健身器材的固定方面,漫步机的底座与地面固定,根据各社区的健身空间大小多见有单人机、双人机、多人机。此外,根据健身者不同的锻炼形式,漫步机又分为锻炼下肢的漫步机和锻炼上下肢的漫步机。

图 5-6

(二)器械健身功能

漫步机主要是进行下肢锻炼,通过不同速度与幅度的下肢健身练习方法,可以有针对性地提高下肢的速度素质(位移速度、反应速度),能实现对腿部肌肉的拉伸,可以塑造腿部肌肉和腿部线条。

(三)健身方法与要点

(1)健身准备:健身者双手握住横杠,双脚分别踩在踏板上,人体保持自然站立姿势。

(2)健身方法:健身过程中,两腿伸直,左、右腿同时向前、后相反方向用力分腿迈步,迈开至一定角度(约60°)时,顺重力作用自然下行,至垂直线时转换为右腿前迈,左腿向后运动。两腿以自然协调的姿态交替迈步。

(3)健身要点:握紧把手,以髋关节为轴心、顺重力作用运动,使两腿以自然协调的姿态交替迈步。

三、压腿器健身

(一)器械基本构造

压腿器的构造比较简单,主要由立柱和压腿横杠组成。压腿器包括不同高度的横杠,以适应不同身高、不同柔韧素质的人群进行健身(图5-7)。

(二)器械健身功能

压腿器主要是帮助健身者进行腿部的柔韧性练习,也有部分健身者利用压腿器"解锁"健身新姿势,如利用健器进行引体向上(身高较低的小学生)、腹部绕杠练习(中青年),练习身体其他部位的各项素质。

图 5-7

(三)健身方法与要点

1. 前压腿

(1)健身准备:右肩侧对单杠,稍右转站立,左腿放在把杆上,右手扶把,左臂上举。

(2)健身方法:上体前屈下压,以腹、胸、下额依次贴近左腿,左手触脚,充分拉伸前腿,然后上体立直还原。柔韧素质较差的健身者左手扶在膝关节上方即可,4拍完成一次前压腿动作,连续完成4~8个8拍。换腿反复练习。

(3)健身要点:压腿时,直膝、直腿,压腿动作尽量放慢。

2. 侧压腿

(1)健身准备:面向单杠站立,左腿伸直放在把杆上,左手扶把,右臂上举。

(2)健身方法:上体向左侧屈下压,左肩靠近膝盖,右手尽量触及左脚,充分拉伸侧腿,然后上体立直还原。4拍一次压腿,连续完成4×8拍。换腿反复练习。

(3)健身要点:压腿时,上体尽量向屈伸靠近腿部,放慢压腿动作。

3. 后压腿

(1)健身准备：左肩侧对单杠，身体稍向右转站立，右腿放在把杆上，左手扶把，右臂叉腰或上举。

(2)健身方法：左腿屈膝下蹲，用力拉伸腿部后腿，直膝还原，4拍完成一次侧压腿动作，连续完成4×8拍。换腿反复练习。

(3)健身要点：支撑腿有控制地屈膝下蹲，上体立直。

4. 踢腿练习

(1)前踢腿

①健身准备：健身者左肩侧对单杠，左腿支撑站立，右脚后点地。左手扶杠，右臂侧举或叉腰。

②健身方法：健身过程中，右腿伸直向前、向上踢起，还原。2拍完成一次前踢腿动作，连续完成4×8拍，换腿反复练习。

③健身要点：大腿发力，脚背带动向前踢起，髋部控制稳定，上体立直。

(2)侧踢腿

①健身准备：面向单杠，左腿支撑站立，右脚侧后点地，双手扶把。

②健身方法：健身过程中，右腿伸直经侧向上踢起，还原。2拍完成一次侧踢腿动作，连续完成4×8拍。换腿反复练习。

③健身要点：大腿发力，展髋、脚面膝盖向上，上体立直。

(3)后踢腿

①健身准备：面向单杠，左腿支撑站立，右脚前点地，双手扶把。

②健身方法：右腿向后、上踢起，还原。2拍完成一次后踢腿，连续完成4×8拍。换腿反复练习。

③健身要点：上体前倾，尽量直膝。

四、斜躺健身车健身

(一)器械基本构造

斜躺健身车主要由座椅、转轮、脚蹬、把手、靠背等构件组成(图 5-8)。

图 5-8

(二)器械健身功能

斜躺健身车可以通过健身者对踏板的蹬踏,带动滚轮转动进行健身锻炼,有助于腿部力量练习和腿部减脂塑形。

此外,斜躺健身车健身练习也有助于躯干的力量与柔韧性的提高。

(三)健身方法与要点

(1)健身准备:端正坐姿坐好,坐靠在座板上,上体稍后仰,双手握扶手,双脚踩踏板。

(2)健身方法:健身时,双腿做骑行,像蹬自行车一样踩住踏板,可以向前骑行也可以向后骑行。

(3)健身要点:躯干贴紧背板,腰腹发力,匀速蹬伸,切忌突然发力。

五、直立健身车健身

(一)器械基本构造

直立健身车是一种常见的蹬踏类的健身器材,主要由座椅、转轮、脚蹬、把手、靠背等构件组成(图5-9)。

图 5-9

(二)器械健身功能

直立健身车的健身方法与自行车的健身方法相类似,只是在原地进行骑行,健身过程中主要是腿部进行作业。

(三)健身方法与要点

(1)健身准备:健身者坐于座板上,双手握紧扶手,双脚分别踩蹬在左右踏板上,上体立直。

(2)健身方法:健身过程中,双腿像蹬自行车一样踩住踏板做向前或向后的骑行运动。

(3)健身要点:匀速完成蹬伸腿练习,不可突然发力。

六、双柱四位蹬力器健身

(一)器械基本构造

双柱四位蹬力器是社区健身器械中比较有趣的一种健身器械,一台双柱四位蹬力器可同时供多个健身者进行健身练习,健身过程中还能相互进行交流。目前,社区常见的双柱四位蹬力器主要由座椅、把手、挡板等部件构成(图 5-10)。

图 5-10

(二)器械健身功能

利用双柱四位蹬力器进行健身主要是通过腿部肌肉的主动发力(蹬伸)来使身体进行前后的位移,在身体的主动性位移过程中,使腿部肌肉得到有效的锻炼。这对于提高腿部肌肉力量有重要帮助,同时,有助于腿部多余脂肪的消耗,能有效塑造良好腿形。

(三)健身方法与要点

1. 小幅度快节奏练习

(1)健身准备:坐于座板上,背部靠实,屈膝,脚蹬踏板。

(2)健身方法:双腿做小幅度、快频率的蹬伸练习。屈伸节奏控制在1拍1动。

(3)健身要点:大腿肌群和腰腹同时用力,下肢快速小幅度的屈伸。

2. 大幅度慢节奏练习

(1)健身准备:坐于座板上,背部靠实,屈膝,脚蹬踏板。

(2)健身方法:双腿做大幅度、较慢节奏的蹬伸练习,两拍一次。

(3)健身要点:腿部进行大幅度、慢节奏屈伸,伸的过程中可不直膝直腿。蹬踏时,速度先稍快再稍慢,有控制地收回,健身效果更佳。

3. 提踵练习

(1)健身准备:坐于座板上,背部靠实,屈膝,脚蹬踏板。

(2)健身方法:双腿伸直,脚掌蹬紧踏板,进行提踵练习。

(3)健身要点:脚踝尽力上提,注意还原时要有控制地用力,动作要缓慢,切忌突然放松。

第四节 社区腰腹健身器械健身

一、仰卧起坐器健身

(一)器械基本构造

仰卧起坐器械的结构简单,主要包括支架、挡管、腹肌架(图5-11)。

图 5-11

(二)器械健身功能

仰卧起坐器的主要功能是供人们进行仰卧起坐锻炼,但也可以进行一些腰腹肌肉力量的练习。可以有效锻炼背部、腰腹部的力量,紧实躯干部位肌肉。

(三)健身方法与要点

1. 仰卧起坐

(1)健身准备:坐于器械上,双脚勾挡管,双手头后扶握,仰卧。
(2)健身方法:腰腹发力,上体抬起成坐立姿势,然后还原。
(3)健身负荷:每组 10~15 个,练习 2~3 组。
(4)健身要点:双手扶住头后部,腰腹发力,上体有控制地抬起和躺下,结合自身实际确定健身负荷。

2. 仰卧起坐转体

(1)健身准备:坐于器械上,双脚勾挡管,双手头后扶握,仰卧。
(2)健身方法:上体抬起时,向右(左)侧转体,还原。
(3)健身负荷:每组 10~15 个,练习 2~3 组。
(4)健身要点:双手扶住头后部,腰腹发力,控制上体缓慢移动,腰和肩带动上体转动,根据自身实际合理安排运动负荷。

二、转腰器健身

(一)器械基本构造

转腰器主要由底座、底盘、转盘、立柱和把手组成(图 5-12),底座安装于地面,转盘可活动自如。

图 5-12

(二)器械健身功能

转腰器的转盘部分是活动的,健身者站在上面可以通过腰部用力带动身体进行扭转,脚下不发生位移,双手或单手可扶握把手或立柱以维持身体平衡。腰腹的转动能有效消除腰部赘肉,提高腰部灵活性,防止腰部劳损和慢性病的发生。

(三)健身方法与要点

(1)健身准备:双手扶握把手,两脚自然地站在转盘上。
(2)健身方法:健身过程中,上体保持不动,髋部和腰部用力,使身体向左、向右来回转动。
(3)健身负荷:每组 2～3 分钟,2～3 组。
(4)健身要点:健身过程中,整个躯干,尤其是双肩和上体尽量保持不动,髋和腰发力带动身体转动,速度均匀、缓慢,切忌突然发力，以免造成重心不稳摔倒或者腰部扭伤，健身负荷结合个人情况确定。

三、伸背器健身

(一)器械基本构造

伸背器主要由立柱、扶手环、圆柱形曲面等部件构成(图5-13)。

图 5-13

(二)器械健身功能

伸背器是主要用于锻炼背部肌肉的健身器材，其高低可供社区绝大多数居民进行背部健身练习，在器材的帮助下可令背部的肌肉得到有效的拉伸，可增强背部肌肉力量与柔韧性。

(三)健身方法与要点

(1)健身准备：双脚开立，背向伸背器，双手分别握住扶手管。
(2)健身方法：健身时，下肢自然放松，躯干依托器械弧度向后充分伸展,颈椎放松。

(3)健身负荷:伸展 2~4 个 8 拍为 1 组,2~3 组。

(4)健身要点:充分伸展背部,颈和腿放松,背部向后尽量延伸,结合健身者实际合理安排健身负荷。

四、腰背按摩器健身

(一)器械基本构造

腰背按摩器主要由立柱、扶手、座板、按摩柱组成(图 5-14)。

图 5-14

(二)器械健身功能

腰背按摩器具有良好的健身保健价值,主要通过对腰部与背部的按摩促进腰背部的血液循环与肌肉放松,同时,在健身者的自主按摩过程中使得腿部肌肉与腰部肌肉得到一定程度的锻炼。

(三)健身方法与要点

(1)纵向按摩:健身者自然站立,背向腰部按摩滚轴,腰部紧靠按摩柱,双手握住扶手,上下拉动按摩柱,对腰背部肌群进行纵向按摩。

(2)横向按摩:健身者自然站立,双腿下蹲成马步状,背靠按摩柱,双手握扶手,身体左右运动,滚柱会随背部的运动而滚动,对背部肌群进行横向按摩。

(3)健身负荷:健身者根据自身的身体状况调整腰背部按摩时间,每次不宜超过2~3分钟。

(4)健身要点:腰背部贴紧按摩柱,被按摩部位稍用力,匀速、缓慢移动腰背。

第五节　社区综合健身器械健身

一、划船器健身方法

(一)器械基本构造

社区健身器材中,划船器是一种常见的且社区居民使用较多的全身性健身器材,主要由固定座垫、脚蹬、桨把,以及阻力构件等部件组成(图5-15)。

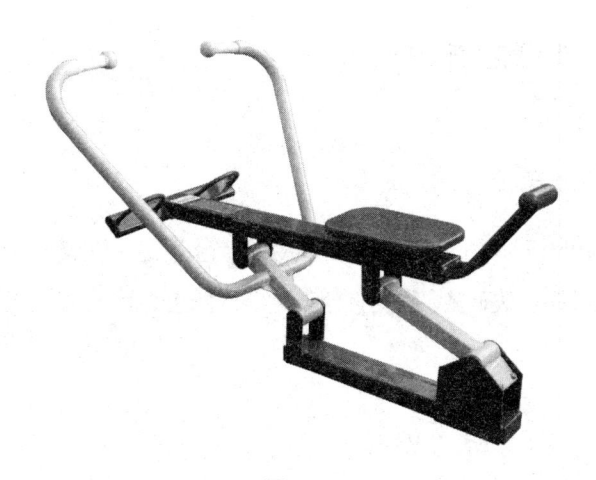

图 5-15

(二)器械健身功能

使用划船器可以让健身者的四肢、躯干各部位都得到有效的健身锻炼,是一种全身性综合健身器械装置,在健身过程中,需要全身多个部位协调配合完成每个动作,因此具有健身的全面性。

(三)健身方法与要点

1. 小幅度屈伸

(1)健身准备:坐在座板中部,手握扶手,脚踩踏板。
(2)健身方法:手臂主动用力,双臂、双腿做小幅度的屈、伸运动。
(3)健身要点:手臂主动用力,四肢小幅度、快节奏屈伸。

2. 大幅度屈伸

(1)健身准备:坐在座板中部,手握扶手,脚踩踏板。
(2)健身方法:双臂、双腿同时用力,做大幅度屈伸。
(3)健身要点:手拉、脚蹬,手脚配合,有控制地还原。

二、跑步机健身方法

(一)器械基本构造

健身跑步机主要由支架、扶手和跑台组成(图 5-16)。跑台表面用一组圆柱形滚轴代替室内跑步器上的跑动皮带,增强了器材的耐用性。

(二)器械健身功能

社区跑步机健身路径与器材装置可有助于社区居民的跑步

健身,与健身房的跑步机有异曲同工之妙。健身过程中,利用跑台的一定仰角,使得圆柱形滚轴中带有一定的阻力,因此需要健身者用一定的力才能使其转动,能帮助健身者进行各种跑(慢跑、快跑、变速跑等)的健身练习,并增加了健身强度和效果。

图 5-16

(三)健身方法与要点

(1)健身准备:双手握紧扶手,脚踩跑台。

(2)健身方法:两腿交替跑,进行小步幅快频率的走跑或者大步幅慢频率的走跑健身练习。

(3)健身要点:迈步时,上体稍前倾,注意走跑动作与呼吸节奏的调整。

三、椭圆机健身方法

(一)器械基本构造

椭圆机的结构部件包括支架、脚踏板和扶手(图 5-17)。椭圆机安装后,支架固定于地面,脚踏板前端与扶手下端相连,扶手与脚踏板连动且后端固定于器械的后轴上,健身运动过程中脚踏板的运动轨迹近似椭圆形,故名"椭圆机",又称"滑雪器"。

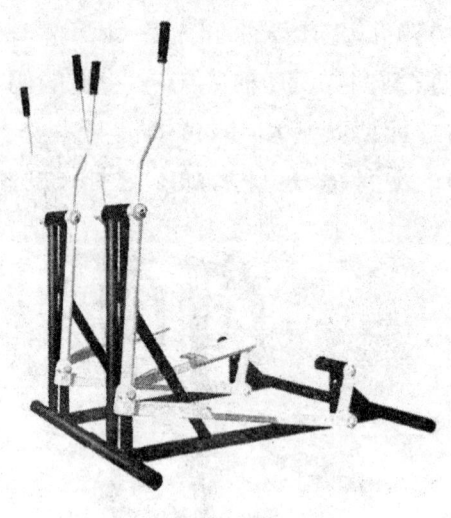

图 5-17

(二)器械健身功能

椭圆机是一种良好的心肺训练健身器械。与跑步不同,利用椭圆机健身时,膝关节不存在着力点,避免了跑步时所产生的冲击力,更好地保护了关节,具有更好的安全性。健身实验表明,锻炼和刺激坐骨神经的调节,增强腰部肌肉的耐力和力量,能塑造良好的腰臀和腿部线条,同时能有效预防、缓解颈椎病、肩周炎及上背部疼痛。

(三)健身方法与要点

(1)健身准备:双手紧握手柄,双臂微屈,双脚踏板。
(2)健身方法:健身过程中,通过腿的推力,使踏板转动、手柄摆动,两腿做向前的循环运动。
(3)健身要点:身体控制稳定,上、下肢协调用力。

四、单杠健身方法

(一)器械基本构造

单杠是社区最常见的健身器材之一,它主要由支架和把手组成(图 5-18)。

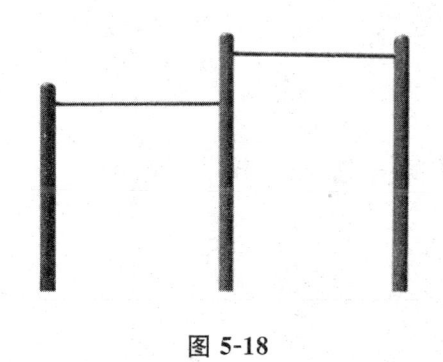

图 5-18

(二)器械健身功能

单杠虽然构造简单,但是有着多样的健身方法。丰富的健身方式与方法可以有效促进健身者结合自身健身需要进行臂撑、压腿、背弓、腹部绕杠等多样化的健身训练,可以促进身体各部位的各种运动素质的提高。

(三)健身方法与要点

1. 单杠悬垂

(1)健身方法:直体悬垂,健身者跳起正握(反握)单杠,身体成直体悬垂状态,控制几秒钟后,可做小幅摆动练习。

(2)健身要点:手紧握单杠,颈部放松,身体向下充分伸展。

2. 引体向上

(1)健身准备:正握(反握)单杠,身体悬垂。

(2)健身方法:上肢用力上拉身体至下额越过杠面,然后还原。

(3)健身要点:用力屈臂、向上引体,有控制地伸臂还原。

3. 收腹举腿

(1)健身准备:跳起正握单杠,身体悬垂。

(2)健身方法:腹肌用力,双腿伸直并拢、缓慢抬起至水平位置,控制片刻,然后还原。

（3）健身要点：肩背和腰腹发力,抬腿时直膝、伸脚背。健身者结合自身情况进行拉伸,避免过度拉伸导致肌肉和韧带损伤。

五、双杠健身方法

（一）器械基本构造

双杠在社区健身路径中也常见,与单杠不同的是,双杠由四个支架和两个把手组成（图 5-19）。

图 5-19

（二）器械健身功能

双杠作为社区常见健身器材有其健身方便易操作的特点,利用双杠可以进行摆动、摆越、屈伸、弧形摆动、静止用力等多种形式的健身动作练习,对健身者而言是一种非常方便的健身器材。双杠运动动作内容丰富,类型全面,有简有繁,有易有难,能有效提高健身者的各项身体素质,对健身者的支撑能力、支撑超越障碍能力、空间感知定向能力、平衡能力等都有良好的改善作用。

(三)健身方法与要点

1. 杠上前行

(1)健身准备：站在杠端的两杠之间，双手握杠，跳起成杠上支撑。
(2)健身方法：左、右手交替向前支撑，带动身体前移。
(3)健身要点：直臂支撑，顶肩、重心稍左右移动，两手抓握前行。

2. 手臂屈伸

(1)健身准备：站在两杠之间，双手握杠，跳起成杠上支撑。
(2)健身方法：健身者在杠上做手臂的屈伸练习，完成屈臂、推撑动作。
(3)健身要点：前臂控制不动，上臂和肩背肌群用力，臂屈伸时身体绷紧。

六、天梯健身方法

(一)器械基本构造

天梯，就像横挂在空中的一把梯子，故称"天梯"。天梯的构造比较简单，主要包括立柱、支架、横杠等部件(图5-20)。

(二)器械健身功能

天梯健身主要是通过臂部屈伸令身体悬挂的方式进行健身，健身过程中可以有效锻炼健身者的肩部、臂部灵活性，增强上肢力量与腰腹力量。

图 5-20

（三）健身方法与要点

1. 屈膝悬垂

（1）健身准备：双手抓握横杠，身体悬垂。

（2）健身方法：屈膝、收腹，大腿抬起至水平以上位置，还原，2拍一次。

（3）健身要点：双手紧握横杠，肩臂用力，提膝、收腹、抬腿。有控制地展体还原。

2. 收腹举腿

（1）健身准备：双脚踩在起点的台阶上，身体悬垂。

（2）健身方法：腹肌用力，直腿并拢、缓慢抬起至水平位置，控制片刻，还原。反复练习。

（3）健身要点：肩背和腰腹发力，举腿时尽量直膝。有效控制身体。

3. 抓握前行

(1)健身准备:双脚踩在起点的台阶上,双手紧握天梯横杠。

(2)健身方法:正手或反手抓握横杠,左、右两手依次脱杠、向前抓握横杠,借助身体前摆惯性,两臂连贯用力,交替前行。

(3)健身要点:注意对身体摆动幅度的控制,以免在前行过程中消耗太多能量。

七、肋木架健身方法

(一)器械基本构造

肋木架的外形像一组大梯子,它属于一种综合性的锻炼器材,在肋木架上可以进行多种健身练习(图5-21)。

图 5-21

(二)器械健身功能

肋木架主要是用于增加健身者的腹肌力量及上肢的悬垂能

力,对于一些儿童来说还能有助于训练他们的攀爬能力,有助于增强儿童的手臂力量和肢体协调性。

(三)健身方法与要点

1. 肩部伸拉

(1)健身准备:背对肋木站立,双脚并拢,双手握横杆。
(2)健身方法:屈腿下蹲,同时腰背挺直,伸拉肩胸,还原。
(3)健身要点:有控制地屈膝下蹲,被拉伸的肩胸有明显酸胀感。

2. 蹬拉练习

(1)健身准备:面向肋木,双脚蹬住最低的一根横杆,双手握住肩前横杆,身体立直。
(2)健身方法:双手依次下移,双脚依次上移,手脚接近,屈膝下蹲,伸展腰背肌肉韧带。
(3)健身要点:手握脚蹬,手脚协调,伸展腰背时尽量含胸低头。

3. 扶肋木架左右转髋

(1)健身准备:面向肋木,两脚大于肩开立,双手握杆。
(2)健身方法:髋关节用力左右转动。右转时,右脚脚跟着地支撑,左脚前脚掌着地支撑,左转时则反之。
(3)健身要点:以髋带动,脚跟、脚尖转换及时,上体自然直立。

4. 收腹举腿

(1)健身准备:背对肋木架站立,双手上举抓握横杠。
(2)健身方法:腹肌用力,直腿并拢缓慢抬起至水平,控制片刻,还原。
(3)健身要点:肩背和腰腹发力举腿,腿尽量举高,有控制地还原。

第六章 全民健身的农村健身路径

全民健身惠及全体人民群众,包括广大农村人口。新时期,要进一步全面推进全民健身的持续推进,就必须关注和重视农村全民健身工作的开展,为农村人口积极参与全民健身活动提供体育物质基础设施建设支持,提供健身活动组织与管理指导,并结合农村体育喜好与体育活动开展方式方法与特点,引导农村体育健身活动科学开展。本章重点就是对我国广大农村地区流行的、具有广泛群众健身基础的体育运动健身项目内容与体育活动方法进行详细解析,以促进这些具有农村特色的体育健身活动进一步普及推广,吸引更多的人参与到体育健身活动中来。

第一节 农民群体与农村健身的特点

一、农民群体的特点

(一)生活方式特点

农耕是农民生产生活的重要组成部分,是农民的基本生活方式。长期以来,这种农业生产方式主要依赖自然,受自然地理环境和气候环境的影响非常大。虽然现代社会农业生产技术和之前相比有了很大的进步,但是农业生产的"日出而作,日落而息"的劳作特点和播种—收获的季节性特征仍十分明显。

农忙时节,农民群众用于健身的时间非常少,繁重的农业生产使其每天的劳动量都很大,没有时间也没有精力再进行健身活动。也正因为农业生产的需要,农民一般多有劳损(以腰肌劳损为主)、肩周炎、膝关节疼痛等病症。

农闲时节,农民群众的闲余时间较多,他们的休闲娱乐方式多以打麻将、下象棋等益智类和静止类体育运动为主,一些年龄较长者和民族传统体育发展良好的地区的农民,还对养生导引类体育运动,如太极拳、五禽戏等非常热衷。

(二)健身观念特点

随着我国小康社会的建设,我国农村的经济发展水平有了显著的提高,农民的收入不断增加,一些农村的生活水平较好,而且有了更多的余暇时间。但健身路径与城市相比,很难满足农民的健身需求,也没有足够的体育健身指导员进行健身指导。

当前,农民的体育运动健身参与还是传统的体育运动项目,多为自发性的民族传统体育健身、益智类体育运动。和城市居民相比,农民专门安排时间进行健身的情况比较少。这说明农民的体育健身意识还需要进一步地增强。

坚持体育运动与生产劳动和文化活动相结合,倡导和推广与农村地域特点相符、农民喜闻乐见的健身活动,是当前农村发展体育健身的工作重点。

二、农村健身活动的特点

农村健身活动有着非常显著的特点,具体表现在以下几个方面:

(一)活动内容多样性

我国农村分布的区域十分广袤。就单个地域而言,体育项目的拥有量低于现代体育,但从其整体来看,我国传统体育项目的数量更多。这说明农民健身从整体方面来说,具有丰富的可选择的活动内容。虽然有的项目仅在局部地区，或一部分人群中有所开展。但从农村的整体来看，活动内容的多样性特征明显。

农民健身多交融于自己的生活和社会角色。农村体育在其漫长的发展过程中，逐渐产生了与人的生理、心理、生存环境、文化传统相适应，又能满足不同层次人群需要的属性，从而使农民健身活动的总体呈现出多样性特征。

(二)活动形态模糊性

农村体育是一种具有多元功能的社会文化现象，其内涵和外延与"现代体育"之概念尚有诸多不相吻合之处。如"现代体育"讲求目的、功能的明确性、专一性，直接服务于生产、生活的身体活动当不属体育的范畴；而农村体育虽然具有与现代体育共同的表现形式和健身功能，但作为一种特殊的社会现象，农村体育的生存环境、运动特征、文化寓意等又与现代体育类别大相径庭。农村体育发展自始至终均不是一种孤立存在的文化现象，它的形成依赖于各地域文化的广阔背景，它的生存和发展是诸多地域文化征象的综合再现。

因此，农民健身的一个重要特点，就是文体合一。如果把文艺色彩从农村体育中完全剔除，很多体育活动项目就不存在了。除此以外，不少农村体育项目还直接服务于人们的生产、工作和生活，它在人们的社会活动中的地位与作用是多方面的。时至今日，鉴于农村社会发展水平的整体滞后，以至于相当一部分体育内容仍散发着生产、生活等方面的气息，诸多农村体育项目尚处在一种朦胧状态，与各种社会现象交织在一起，不同于现代体育具有的明确而稳定的形态。

(三)活动动作延伸性

农民健身所采用的许多体育活动，展示的不在于人体的肢体动作，而着意于一种精神和技能，即通过对道具的巧妙使用传情达意，寄托愿望。因多借助器物，增加了动作的延伸性，扩大了农村体育活动的表现领域,创造了许多仅仅依靠人体动作而无法表现的特有传统体育项目形式。

因此,一些农村体育项目的延伸动作,就不仅是一种肢体运动,而且是一种经过组织、美化、节律化的人体运动,是一种具有交互性及表演化、仪式化、意义化的社会运动。参与者在节奏鲜明的鼓乐伴奏下进行运动时,不但能达到健身的目的,而且还能在自娱自乐的同时,又在某种程度上进入艺术表现的境界,以及获得群体交互的归属感和满足感,进而在身心两个方面都能得到调和与发展。

(四)活动地点地域性

农民健身的地域性特征,即指某一地区的农民因所处的区域环境以及由此引致的自然条件不同,使其形成了在当地文化背景之下而有别于其他地域的体育活动方式。如江南的竞渡、北国的冰嬉、草原的骑射等,都具有鲜明的地域特色,保留着在不同环境、不同地理条件下的生产和生活方式的烙印,并伴随着当地风俗演变沿袭至今。因此,农民健身所采用的活动的内容和形式,从某个侧面反映了其地域性。

农民健身活动的形式与内容,在很大程度上受其所处地域的影响,是由于各个地方文化背景以及所生活的地理环境、自然条件不同,而形成其各具特色的生产、生活方式。北方天高地阔,传统游牧生活的艰苦与生产力的低下,使人们极其依赖于宽阔的原野,在与大自然的严酷斗争中培养了勇武精神,多赛马、摔跤、角力、拖冰床等活动,因而赛力竞技较为突出;南方雨水充沛,气候温和,农业精耕细作,生产与生活的条件优于北方边地,形成人们细腻与机巧的倾向,因此,游泳、高跷、赛龙舟活动就经久不衰。除直接的地理因素差异外,各地方族群的心理意识、风俗习惯、社会进程、文化发展等的差异,也促使农村体育开展的内容与水平具有更多的地域化特色。

第二节 武术与太极健身

一、武术健身

(一)武术基本功健身

1. 肩功

(1)压肩:开步站立,面对肋木,两手分开抓握肋木,上体前俯,下振压肩(图6-1)。

图 6-1

(2)转肩:开立,以肩为轴,两手握木棍体前经头顶绕至背后(图 6-2)。

图 6-2

（3）臂绕环：弓步进行单臂绕环（图6-3）或站立进行双臂前后绕环（图6-4）、双臂交叉绕环（图6-5），单臂或双臂在体侧绕环一周。

图 6-3　　　　　图 6-4　　　　　图 6-5

2. 腿功

（1）压腿

正压腿：正对肋木，一腿直立支撑，一腿抬起，体前屈向下振压腿（图6-6）。

侧压腿：侧对肋木，一腿直立支撑，一脚跟放在肋木上，体侧屈振压腿（图6-7）。

后压腿：背对肋木，一腿直立支撑，一脚背放在肋木上，体后屈振压腿（图6-8）。

图 6-6　　　　　图 6-7　　　　　图 6-8

第六章　全民健身的农村健身路径

（2）搬腿

一腿直立支撑，一腿上举，直膝，包括正搬腿和侧搬腿两种形式（图6-9）。

（3）踢腿

正踢腿：一手扶肋木，侧向肋木站立，一腿支撑，一腿勾脚尖、挺膝上踢（图6-10）。

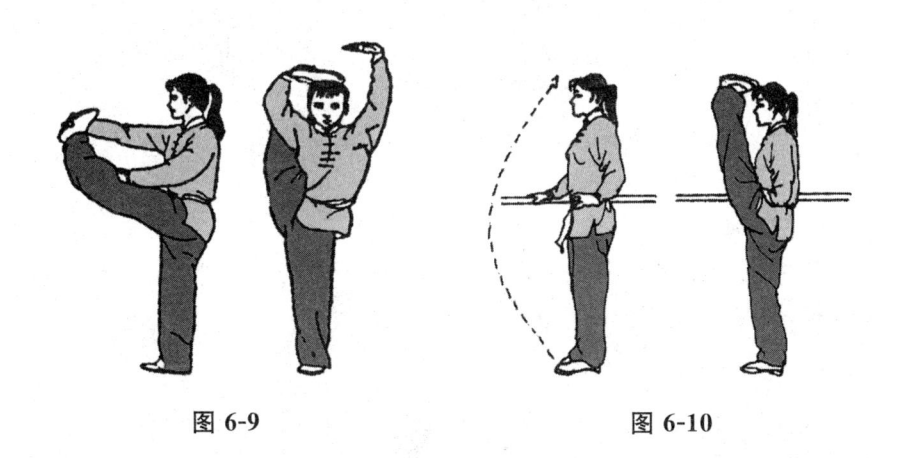

图 6-9　　　　　　　　图 6-10

侧踢腿：双手扶肋木，一腿直立支撑，一腿侧面上踢（图6-11）。

后踢腿：双手扶肋木，一腿直立支撑，体前屈，另一腿绷脚尖、挺膝向后上踢起（图6-12、图6-13）。

图 6-11

图 6-12　　　　　图 6-13

(4)控腿

前控腿:侧对肋木,一腿直立支撑,一腿直膝前提至一定高度,保持片刻(图 6-14)。

图 6-14

侧控腿:侧对肋木,一腿直立支撑,一腿直膝侧提、外伸至一定高度,保持片刻(图 6-15)。

后控腿:侧对肋木,一腿直立支撑,一腿直膝向后上伸至一定高度,保持片刻(图 6-16)。

图 6-15 　　　　　　　图 6-16

(5)劈腿

竖叉:两腿前后分开成直线(图 6-17)。

横叉:两腿左右分开成直线(图 6-18)。

图 6-17 　　　　　　　图 6-18

3. 腰功

(1)俯腰

前俯腰:并步直立,上体前俯,两手手指交叉,掌心贴地,胸部贴腿(图 6-19)。

侧俯腰:并步直立,上体侧下屈,两手手指交叉,掌心触地(图 6-20)。

图 6-19　　　　　图 6-20

(2) 甩腰

开步直立,两臂直举。上体以腰、髋关节为轴做前后屈动作,两臂配合前后摆动(图 6-21)。

图 6-21

(3) 涮腰

开立,上体前俯,两臂下垂随之向侧前方伸出,以髋关节为轴绕环一周(图 6-22)。

图 6-22

(4)下腰

开立,与肩同宽,两臂直举。抬头,挺胸,两手后撑,身体呈拱桥(图 6-23)。

图 6-23

4. 桩功

(1)马步桩

马步站立,屈膝半蹲,脚尖朝前,大腿与地面水平,两臂平举,掌心向下,目视前方(图 6-24)。

(2)步桩

屈膝半蹲,右脚外展 45°,左脚尖虚点地,两手腰间抱拳(图 6-25)。

图 6-24 　　　　图 6-25

(3)浑元桩

升降桩:开立,屈膝、屈肘,两手胸前举,手心向下,配合呼吸做升降动作(图 6-26)。

图 6-26

开合桩:开立,屈膝,屈肘,两手胸前举,手指尖相对合抱,随呼吸做开合动作(图 6-27)。

图 6-27

(二)武术基本技法健身

1. 手型

武术的基本手型有四种,分别为拳、掌、勾、爪(图 6-28)。

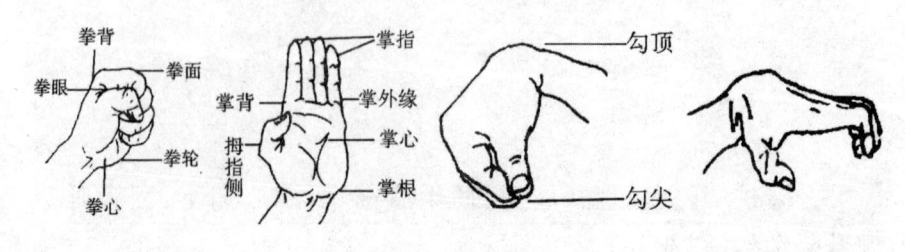

图 6-28

2. 手法

(1)冲拳：开立，腰间抱拳，拳心向上，右(左)拳向前猛冲，力达拳面(图 6-29)。

(2)架拳：开立，腰间抱拳，右拳向下，右上经头上划弧架起(图 6-30)。

图 6-29 　　　　　　　图 6-30

(3)亮掌：开立，腰间抱拳，拳变掌经体侧划弧至头部，抖腕亮掌(图 6-31)。

(4)推掌：开立，腰间抱拳，拳变掌，臂内旋，以掌根为力点向前猛推(图 6-32)。

图 6-31 　　　　　　　图 6-32

3. 步型

(1)弓步：前腿屈膝，小腿垂直地面，后腿向后直腿伸展，双手腰间抱拳(图 6-33)。

(2)马步:开立,屈膝半蹲,大腿接近水平,膝不过脚尖,全脚着地(图6-34)。

图 6-33　　　　　　图 6-34

(3)虚步:一腿屈膝支撑,另一腿稍屈膝前伸,绷脚面,双手腰间抱拳(图6-35)。

(4)仆步:开立,一腿全蹲,另一腿挺直平仆(图6-36)。

(5)歇步:两脚交叉靠拢全蹲,臀部坐后腿的近脚跟处,前腿贴后腿屈膝(图6-37)。

图 6-35　　　　　图 6-36　　　　　图 6-37

4. 步法

(1)上步:单脚或两脚轮流向前上一步。
(2)退步(倒步):单脚或两脚轮流向后退一步。
(3)跳步:两只脚同时离地。
(4)垫步:两只脚先后起跳,后脚落到前脚原位置。
(5)飞步:两脚带腿同时向前向上用力猛跳。

(6)箭步：一脚着地,另一只脚向前快速跳一大步。

(7)纵步：一只脚先起,再抬另一只脚向前纵跳一大步。

5. 腿部动作

(1)蹬腿：一腿直立支撑,另一腿勾脚尖,以脚跟为力点向前上猛蹬(图6-38)。

(2)弹腿：一腿直立支撑,另一腿屈膝提起至水平,小腿猛力向前弹出(图6-39)。

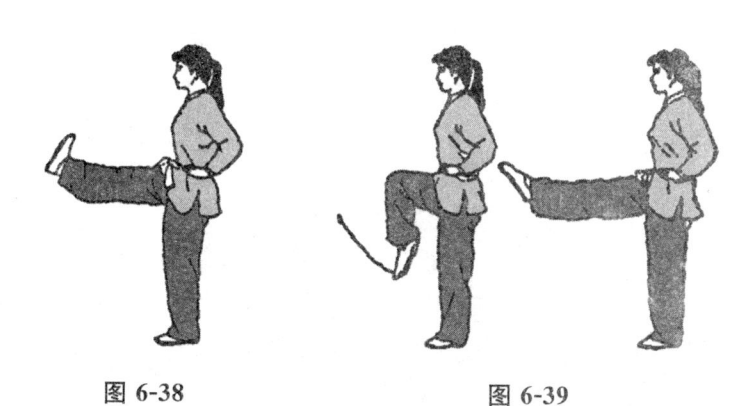

图 6-38　　　　图 6-39

(3)侧踹腿：双手叉腰；右腿伸直支撑,左腿屈膝提起,左脚尖内扣,脚跟用力向左上方踹出,高与肩平(图6-40)。

图 6-40

(4)外摆腿：右脚直立支撑,左脚尖勾紧,右上踢,外摆,直腿落在右脚旁(图6-41)。

图 6-41

（5）里合腿：右腿直立支撑，左腿直膝经面前向右上里合、落右脚外侧（图 6-42）。

图 6-42

（6）单拍脚：并步站立，左腿支撑；左脚快速上踢，右拳变掌迎击右脚面（图 6-43）。

图 6-43

(7)后扫腿:左弓步推掌(图6-44),左腿屈膝全蹲成右仆步,两掌撑地,以左脚掌为轴,右脚贴地后扫转一周(图6-45)。

图 6-44　　　　　　图 6-45

6. 平衡动作

(1)前提膝平衡:一腿直立支撑,另一腿体前屈膝高提近胸,小腿斜垂里扣,绷脚面(图6-46)。

(2)扣腿平衡:一腿屈膝半蹲;另一腿屈膝外展,踝扣支撑腿腘窝处(图6-47)。

图 6-46　　　　　　图 6-47

(3)燕式平衡:一腿直立支撑,另一腿后举伸直,上体前俯,双臂侧平展(图6-48)。

(4)望月平衡:一腿直立支撑,另一腿身后伸直举腿,上体前倾拧腰,转头回视(图6-49)。

图 6-48　　　　　　　　图 6-49

(5)仰身平衡:一腿直立支撑,上体后仰接近水平;另一腿直上举,双臂侧平展(图 6-50)。

图 6-50

二、太极健身

太极健身是我国传统健身养生功法中非常重要的一种,凝聚了东方养生哲学与价值观,具有鲜明的中国特色。太极健身注重的"内""外"兼修,长期坚持科学锻练,可强筋骨,壮体魄,通经脉,调精神。太极健身养生功法多样,包括太极拳、太极扇、太极剑等,其中太极拳最为普遍。我国为在广大人民群众中推广太极拳整理汇编了二十四式简化太极拳,以规范化、简便化的太极拳术供大众习练。

(一)第一组

1. 起势(图 6-51)

开步,臂平举,屈膝下蹲;垂肘,目平视。

① ② ③ ④

图 6-51

2. 左右野马分鬃(图 6-52)

(1)上体右转,左手划弧,两手抱球。
(2)左脚迈出,手随转体左上、右下错开。
(3)右脚蹬成左弓步;两手分开。
(4)上体后坐,翘左脚尖、外撇。
(5)左腿前弓,左转,左手翻下,左臂平屈,右手划弧,两手抱球;收右脚。
(6)上体右转,右腿迈出,两手随体转慢慢错开。
(7)右弓步;上体右转,两手慢慢分开,屈肘;落左手,目视右手。

重复(4)至(7)动作,唯左右相反。

3. 白鹤亮翅(图 6-53)

上体左转,右手划弧,两手相对,右脚上步,上体后坐;左脚前移,两手分开,目平视。

图 6-52

图 6-53

(二)第二组

1. 左右搂膝拗步(图 6-54)

(1)右手下落,左手划弧至右胸前;上体微左再右转;收左脚。
(2)上体左转,左脚前迈成左弓步;右手屈再前推,左手下落。

（3）右腿屈膝，上体后坐，左腿前弓，左转体，收右脚；两手划弧，目视左手。

（4）与（2）解同，唯左右相反。

（5）与（3）解同，唯左右相反。

（6）与（2）解同。

图 6-54

2. 手挥琵琶（图 6-55）

（1）右脚跟进，上体后坐，上体微右转。

（2）左脚前移成左虚步，左手上挑，右手回收；两手立掌。

3. 左右倒卷肱（图 6-56）

（1）上体右转，右手翻掌划弧平举，左手翻掌向上。

（2）右臂屈肘，右手前推，左臂后撤；左腿退成右虚步。

图 6-55

图 6-56

(3)上体左转,左手划弧平举,右手翻掌;目随体转视。

(4)与(2)(3)解同,唯左右相反。

(5)与(2)(3)解同,唯左右相反。

(6)与(2)(3)解同。

(7)与(2)(3)解同。

(8)与(2)解同,唯左右相反。

(三)第三组

1. 左揽雀尾(图 6-57)

(1)上体左转,右手随转体划弧平举;右转体,两手抱球;收左脚。

(2)左转体,左脚左迈成左弓步,左臂左出,落右手。

(3)左转体,两掌下捋,上体右转,左臂平屈。

(4)左转体,右臂屈肘,上体左转,左弓步。

(5)两手分开;屈右膝,左脚尖翘;收肘,推掌,左腿弓;目平视。

图 6-57

2. 右揽雀尾(图 6-58)

上体后坐,右转体,扣左脚尖;右手划弧;左臂平屈,双手抱球;收右脚,视左手。此后,动作同"左揽雀尾"(2)～(5)解,唯左右相反。

图 6-58

(四)第四组

1. 单鞭(图 6-59)

上体后坐,两手划弧,左脚并右脚;划弧变勾手,左弓步;左掌前推,目视左手。

图 6-59

2. 云手(图 6-60)

(1)身体右转,左脚尖里扣。

(2)右手划弧至左肩,右脚靠近左脚。

图 6-60

(3)左腿左跨步;目视左手。

重复(2)(3)(2)动作。

3. 单鞭(图 6-61)

右手勾手;左手划弧,左脚迈成左弓步;左掌翻转前推。

图 6-61

(五)第五组

1. 高探马(图 6-62)

右脚跟进;两手上翻,右掌前推,左脚虚步。

图 6-62

2. 右蹬脚(图 6-63)

左手前伸,两手分开向下划弧;左脚靠拢,脚尖点地,右脚蹬出;目视右手。

① ② ③ ④ ⑤ ⑥

图 6-63

3. 双峰贯耳(图 6-64)

右腿收,两手划弧,右弓步,两拳相对,目视右拳。

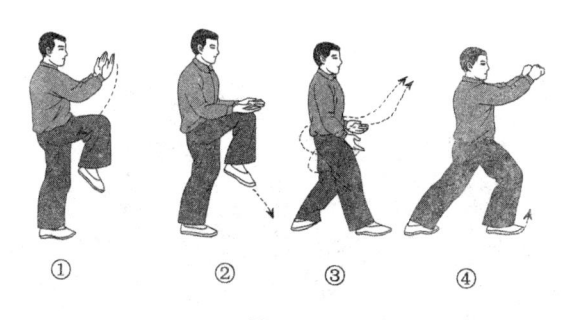

① ② ③ ④

图 6-64

4. 转身左蹬脚(图 6-65)

左腿屈,右脚尖里扣,两手划弧合抱于胸前,左腿屈膝,左脚蹬出;目视左手。

① ② ③ ④ ⑤ ⑥

图 6-65

(六)第六组

1. 左下势独立(图6-66)

左腿平屈,右掌变勾手,左掌下落;右腿蹲,左仆步,左转起身;左掌前伸,右勾手变掌上挑,落左手。

图 6-66

2. 右下势独立(图6-67)

右脚下落,左脚跟转;左手变勾手,右掌随体转划弧,目视左手。此后,动作同"左下势独立",唯左右相反。

(七)第七组

1. 左右穿梭(图6-68)

(1)左腿落地,两手抱球;收右脚。
(2)右弓步;右手翻掌,左手前推。
(3)左脚前迈,两手抱球。
(4)同(2)解,唯左右相反。

第六章 全民健身的农村健身路径

① ② ③ ④
⑤ ⑥ ⑦

图 6-67

① ② ③ ④
⑤ ⑥ ⑦ ⑧
⑨ ⑩ ⑪

图 6-68

· 191 ·

2. 海底针(图 6-69)

右脚跟进,右脚举步,左脚虚点地;右手耳旁斜插,左手划弧落于左胯旁。

图 6-69

3. 闪通臂(图 6-70)

左脚回收,两手上提,左腿屈膝弓步;右手前举,左手前推,目视左手。

图 6-70

(八)第八组

1. 转身搬拦捶(图 6-71)

左脚尖里扣;右手划弧,左掌上举,右转体,左腿上步,左腿弓步,右拳前打,目视右拳。

图 6-71

2. 如封似闭(图 6-72)

左手前伸,两手翻转分开;左脚尖翘起;两手翻掌推出;左弓步。

图 6-72

3. 十字手(图 6-73)

(1)屈膝后坐,右转体;右手右摆划弧,两臂侧平举;右弓步。
(2)右脚尖里扣收回,两手划弧胸前十字手合抱。

图 6-73

4. 收势(图 6-74)

两手外翻落臂；并步直立，落掌，目平视。

图 6-74

第三节　民俗节庆活动健身

　　我国历史悠久，民俗节庆较多，在诸多民俗节庆体育活动中，舞龙舞狮和赛龙舟最具中国特色。民俗节庆活动是我国广大人民群众喜闻乐见的体育活动，集文化、健身、娱乐、表演、休闲于一身，极大地丰富着百姓的生活。这里就最基本的舞龙舞狮和赛龙舟动作技法进行系统阐述，以便群众学、练、健身和提高欣赏水平。

一、舞龙

中国舞龙活动历史悠久,发展到现在,舞龙运动技术讲究形(姿势)、技(配合)、法(方法)、情(神韵)。一般舞龙爱好者应掌握以下基本的龙身各部位持握和常见舞龙动作技术与配合方法。

(一)舞龙基本方法

1. 舞龙珠

持龙珠者,即龙队指挥者,在鼓乐伴奏下,引导舞龙者完成龙的各种动作。

龙舞动时,持龙珠者应双眼随时注视龙珠,并环视整队及周边环境情况,与龙头保持1米左右的距离;协调配合。

2. 持龙头

持龙头者舞动龙头时,动作紧随龙珠移动,龙嘴与龙珠相距1米左右,协调配合,注意龙头摆动时不得碰擦龙身或舞龙者。

3. 舞龙身

舞龙身者随时与前后保持一定的距离。眼观四方,紧跟前者,走定位,注意与前后同伴的配合,以使龙身运动轨迹要圆滑、顺畅,切不可触地、脱节、打结。

4. 持龙尾

持龙尾者舞动龙尾时翻尾要轻巧生动,随时保持摆动,与龙身配合,注意控制龙尾左右舞动弧度的大小。

(二)舞龙基本动作

1. "8"字舞龙动作

舞龙者将龙体在人体左右两侧交替做"8"字环绕,包括原地和行进间的"8"字舞龙,动作可以结合伴奏锣鼓的节奏做快慢变化。

做"8"字舞龙时,龙体的运动轨迹要顺畅、圆润,队员应保持默契,速度一致,动作协调、统一。

2. 游龙动作

舞龙者快速奔跑游走,通过龙体运动的高低、左右、快慢的起伏行进,充分展现龙的婉转、回旋、盘翻、屈伸等动态特征。

常见龙的游走方式有直线行进、起伏行进、走(跑)圆场、越障碍等。

3. 造型动作

优美的龙的造型动作不仅考验舞龙者的设计、审美,高难技术对舞龙者的技术与配合是严峻的考验,龙的造型应画面清晰,形象逼真,以形传神,以形传意。

二、舞狮

舞狮在我国历史悠久,由于各地风俗习惯的不同,其在表演形式与艺术造型上形成了各自的地方特色与独特风格。按地域来说,可分为南方舞狮和北方舞狮两种。

舞狮是我国人民群众非常喜欢观赏的体育文化活动,有不少舞狮爱好者尝试亲自参与其中。就健身来讲,舞狮动作难度不大,不追求技术的高难与精湛。常见舞狮动作技术有如下几种:

(一)舞狮基本握法

1. 狮头的握法

双阴手:双手握狮头,手背朝上,两手握狮舌两侧头角处。
双阳手:与双阴手位置相同、动作相反。
单阴手:单手握狮头,手背朝上,大拇指托狮舌,其余四指握在狮舌上方。
单阳手:与单阴手动作相似,手心朝上。

2. 狮尾的握法

单手握法:舞狮者一手用大拇指插入舞狮头者的腰带,与四指轻抓腰带,另一手可做摆尾等动作。
双手握法:舞狮者双手大拇指插入舞狮头者的腰带。

(二)舞狮基本步法

1. 上步和退步

上步时,两脚呈平行站立姿势,一脚向前进步,另一脚跟上,反之为退步。

2. 弓步

右腿大小腿弯曲,大腿水平,前弓后绷。

3. 侧步

脚平行站立,左(或右)脚向左(或右)侧进一大步,另一脚跟上。

4. 虚步

一腿屈膝支撑,另一腿前伸,以脚尖前点。

5. 跪步

左腿大、小腿弯曲约 90°。右大小腿弯屈小于 90°,右膝关节和右脚趾着地,上体稍前倾,重心在右脚。

6. 扑步

左腿大小腿弯曲呈全蹲支撑,右腿向右侧直腿前伸,脚掌内扣。

7. 麒麟步

重心移至左脚,右脚经左腿前向左移步,左右腿交叉,两腿弯曲,重心居中。左、右动作相同,但方向相反。

(三)舞狮基本动作

1. 叩首

舞狮头者将狮头置于头上,用小碎步快速向前跑动,在跑动过程中将狮头举起,并不停地左右摇头和眨眼。

舞狮尾者低头塌腰,双手搂住前者的腰部,用小碎步或左右摆尾跟行,两者配合做狮子叩拜动作。

2. 摇头摆尾

舞狮头者不断地将狮头东摆西摇;舞狮尾者随着狮头的摆动协调地进行摆尾。

3. 翻滚

舞狮者两人配合,舞狮尾者抓住前面舞狮头者腰的两侧,身体重心下降,屈腿半蹲,一脚用力蹬地,向一侧滚动,滚身时前者须将狮头举高。

4. 引狮员基本动作

静态动作——引狮员静态亮相的动作,如弓步抱球、高虚步举球、弓步戏球等。

动态动作——引狮员在运动过程中完成的动作,如行步、翻腾、跳跃等。

三、赛龙舟

赛龙舟,又称划龙船、龙船赛会等,是我国传统民族体育的代表项目,主要在端午节前后开展,是独具中国特色的民俗节庆体育文化活动。

赛龙舟不仅可以锻炼个人的上肢力量与身体协调性,还有助于运动者的集体意识和合作、竞争意识与能力的提高。

(一)握桨技术

龙舟划手多采取坐姿,龙舟比赛有单排划手,但两排划手居多,划手左右对应而坐。

右排坐姿划手握桨:左手握桨把上端,掌心紧贴桨把,四指并拢弯曲握桨,拇指从内向外握;右手握桨下端(桨叶与桨把交界处),四指弯曲并拢从外向内握,拇指从内向外握。

左排坐姿划手握桨:同右排划手,只是左右手上下位置相反。

(二)划桨技术

(1)划桨时,桨入水的角度以 80°~90°为宜。
(2)划行时,身体前倾,上手前推,下手后拉,保持高肘。
(3)桨入水瞬间,上手臂下压桨至拉水完毕;抬桨时,上手臂放松,下手腕内扣,方便桨叶卸水。

(三)集体配合

龙舟行进过程中,要求所有划桨者握桨的技术动作一致、入水角度一致、入水深浅一致、用力协调一致,全体队员应服从指挥,听口号、哨声或鼓声一致用力。

第四节　民族特色体育项目健身

我国是一个多民族国家,很多民族特色体育项目在各民族中备受欢迎,是各族人民群众的重要体育健身活动内容。我国民族体育活动内容丰富、形式多样,这里重点介绍以下几种流传广泛、社会影响面广的体育项目健身内容与方法。

一、放风筝

(一)风筝概述

风筝是我国民族传统体育运动,在我国至今已有2500多年的历史。风筝文化作为东方文化的代表之一,在国际上享有盛誉,国外多以"飞唐""飞龙""唐龙"誉之。

(二)放风筝技术

1. 风筝提线

传统硬翅风筝一般有三根提线,根据风筝的体型的大小,提线可相应的增加或减少。在风筝提线的位置设计上,两根提线的,上提线与水平夹角约10°为宜。

2. 起飞技术

(1)大型风筝的起飞

需两人协作放飞,具体操作方法为,一人拿线,另一人迎风站立,来风之际,两人配合放手、提线,使风筝迎风飞起。

(2)中小型风筝的起飞

小型风筝体积小,一人可操控放飞,一手拿风筝,一手持线,来风时,跑动、放线,使风筝飞起。

3. 上升和操纵

(1)跑进中放风筝

一手持线,一手持轮。侧身跑,如果风筝上升快应放慢脚步;如果风筝上升慢,应增加跑速;如果风筝下跌,应及时地松线、停跑。

(2)原地放风筝

民间放风筝有很多小窍门,有经验总结成口诀为"风筝下沉,则轻提之。风筝倾侧,则徐带之。风筝右偏,则右掖之。风筝左偏,则左掖之。"

二、押加

(一)押加概述

押加是藏族人们的一项重要的民族传统体育运动项目,主要在少数民族运动会、藏族重大节庆日,以及藏族的一些旅游景点中进行表演和比赛。

(二)押加基本技术

押加运动没有复杂的技术动作,根据对抗姿势分以下两种:

1. 跪卧式押加

模拟大象动作,双方背向而立,绳子打结套入脖子,经胸腹部从裆下穿过,两手、两膝、前脚掌着地,拉直赛绳,运动员利用颈部、肩部、腰部、腿部及手臂的力量向前用力爬拉,将标志物拉过河界者获胜。

2. 站立式押加

双方面对或背对而立,把绳环套在双方的腰部,双方用腰部和下肢的力量拉拖,将标志物拉过河界者获胜。

面对而立时,不可用手抓绳,背对时手的位置和下肢的动作不限。

三、打布鲁

(一)打布鲁概述

"打布鲁",为蒙古语音译,是"投掷布鲁"的意思,"布鲁"是蒙古人狩猎时投掷猎物的工具。发展到现在,打布鲁已经成为一种重要的民族传统体育运动项目,在蒙古族的重要节日中是备受欢迎的健身娱乐活动。

2014 年 11 月 11 日,布鲁经国务院批准列入第四批国家级非物质文化遗产名录。

目前,打布鲁参与群众逐渐增多,并发展形成了单项运动会。2019 年 9 月,通辽市第 2 届科尔沁运动大会打布鲁比赛成功举办,进一步促进了打布鲁运动项目的全民关注与健身参与,更多的人开始尝试参与并喜欢上了打布鲁运动。

(二)打布鲁技术

1. 原地投掷

以右手握布鲁为例。

站姿:左脚在前,右脚在后,前后一步距离。

转腰:后转体,向右下弯,右腿半屈,重心在右脚,身体左侧对投掷方向,右脚尖右转,左脚点地。

投掷:右手握布鲁下举接近地面,左手侧上举,左脚离地,两脚尖快速转体向投掷方向,右脚跟进,左脚后举,布鲁以 45°掷出。

2. 助跑投掷

打布鲁的助跑投掷有两种方法,垫步式、交叉步式。

以交叉步助跑为例,右手握布鲁后下局,助跑的最后几步,右脚落地,交叉步时,左脚前踏一步,身体右转后倾,左侧朝向投掷方向,屈左臂上举,左臂后摆,右脚在左脚前或后交叉一步,左脚再前踏一步,急速转体,利用转体和转腰理论将布鲁从肩上投出。

四、且里西

(一)且里西概述

"且里西",是新疆维吾尔族对"摔跤"的称呼,且里西是新疆人民喜闻乐见的一项民族传统体育活动。且里西活动多在维吾尔族传统节日古尔邦节、肉孜节时举行。婚礼、割礼、农闲和赶集时也常用于助兴。

(二)且里西技术

且里西手上动作较少,双方较量主要在脚上。

参与且里西活动,通常两人一组,两两对抗,双方用脚进行内勾、外勾腿,以及用自身力量把对手进行背、抱、扛、卷等技术动作,旨在将对方摔倒。

第七章 全民健身制度保障体系构建

全民健身工作持续开展离不开政府宏观政策的支持,也离不开全民健身制度的保障。我国全民健身已经开展了相当长的一段时间并且取得了良好的效果,这正是得益于相关制度的建立健全,能确保具体的体育工作能真正落实到基层。本章重点对我国全民健身的制度保障体系内容与构建完善进行分析研究。

第一节 全民健身法治概述

一、全民健身法治的含义

(一)法治

法治(Rule of law)是一种以民主为基础的运用法律来进行国家和社会管理的手段、方式和结果的总称。

法治具有多方面的含义:
(1)法治指一种治国的方略、社会调控方式。
(2)法治是与人治相对立的一种治国方略。
(3)法治强调以法治国、法律至上。
(4)法治包含着社会制度和秩序状态,是一种整体化的社会模式。

(二)法制

法制(Legal system)与法治是经常被混淆的两个概念名词,实际上二者的含义完全不同。狭义的法制指法律制度,广义的法制是指一切社会关系者严格执行和遵守的法律原则和制度。

法治与法制既有联系也有区别,为更直观地了解二者之间的关系,对比分析如表 7-1 所示。

表7-1　法制与法治的差异分析

	法制	法治
联系	实行法治需要有完备的法律制度	
区别	法制相对于政治与经济制度	法治相对于人治
	法制内涵指法律及制度	法治内涵指人的治国理论、原则和方法

(三)全民健身法治

"全民健身法治",具体指国家权力依照既定的法律规范在全民健身活动中的运作形态。[①]

现阶段,我国"全民健身法治"运作模式如下:

(1)法律价值方面,全民健身的法治建设有助于促进全民健身开展过程中的新政策各格局的形成,有利于全民健身过程中实现由义务本位向权利本位的转变,对政府部门和体育部门明确法律价值,并引导全社会的法律价值观形成。

(2)法律地位方面,通过法律来确立全民健身的法律地位,明确全民健身在新时期我国体育事业与社会法治中的重要地位,在普及全民健身观念与意识的同时,树立法律的最高权威。

(3)法律运行方面,在全民健身工作开展过程中,要形成独立的合理的法律运行机制,构建完善合理的组织系统和职业。

(4)法律功能方面,实现法律在全民健身活动中的社会化,并

---

① 李相如,苏明理.全民健身导论[M].北京:高等教育出版社,2008.

渗透到全民健身的各项活动中去,为全民健身活动提供知识、法律技术保障。

二、加强全民健身法治的必要性与意义

(一)发展社会主义市场经济

新时期,持续推进全民健身,有助于促进体育经济的发展。在全民健身法治进程中,体育与市场的结合也必然会受到法治影响。在体育各项活动开展过程中,全民健身法治是以保障人的健身权利为重要特征和使命的,而市场经济是最强调权利保障的,市场经济条件下的全民健身活动的开展需要加强法治建设。

加强全民健身法治,有利于保障作为最广大人民的体育健身权利的实现,有利于确认体育主体资格,指引健身活动的科学有效开展,有利于保护体育健身主体的正当权益,维护健身市场的秩序。

现阶段和未来一段时间内,在以市场为取向的全民健身活动中,必须不断强化公平正义、权利平等的意识,建立良好的健身法治环境,加强全民健身立法。

(二)积极推进国家法治进程

从全民健身活动开展与政府、体育相关部门的组织与管理关系来说,政府与体育相关部门的良好组织机构、制度、法规政策的确立与实施,有助于保证全民健身各项政策与基层活动的自上而下有序开展。

全民健身活动内容丰富、活动组织与管理涉及多个部门,受多种社会因素的影响,全民健身法律法规的制定与实施,将全民健身计划与活动的政策、制度、措施等用法律的形式固定下来,有利于确保全民健身的各项活动都依法进行,实现健身活动的制度化、法律化。

第七章　全民健身制度保障体系构建

全民健身是一项渗透到全社会的大工程,全民健身法治有助于全民提高社会大众法律意识,这对于提高我国国民法律意识与依法办事,推进国家法治进程具有重要的意义。

(三)确保体育事业协调发展

我国在建设体育法治过程中积累了不少经验,在依法治国大背景下推进全民健身,使得全民健身法治得到了迅速的发展。

新时期,开展全民健身法治建设,必须要完成以下重要任务,具体来说,就是通过现代法治的积极功效来促进全民健身事业的发展,使全民健身与竞技体育的配置比重与发展趋向均衡,协调各类体育关系,促进我国体育事业的整体发展。

三、全民健身法治建设的特点

(一)政府推进

目前,我国全民健身相关法律法规均由我国政府机关制定,主要涉及以下几个部门:
(1)国务院。
(2)国家体育总局。
(3)民政部。
(4)公安部。
(5)政府体育主管部门或联合其他有关部门。

由政府制定和推出全民健身相关法律法规制度对于我国全民健身的从上而下的统筹兼顾和全面展开具有非常重要的促进作用。

(二)立法层次低

从目前我国已有的全民健身相关法律法规来看,我国高层次的法律文件较少,主要有《中共中央国务院关于进一步加强和改进新时期体育工作的意见》(国务院,2003年)、《公共文化体育设施条例》(国务院,2004年),这两个法律文件是从较高层次对我国全民健身活动进行内容规范的法律文件,也是我国全民健身法治建设的基础性法律文件。

整体来看,我国全民健身相关法律文件层次低,表现出以下两个特点:

其一,从内容看,时效性和实践性强的法规不多。

其二,从法的位阶看,各部门规章之间、部门规则与地方法规之间不能完全协调,甚至存在冲突。

(三)不平衡

我国全民健身法治建设具有不平衡性,具体表现如下:

第一,区域发展不平衡。整体来看,我国东西部地区相比,东部地区健身法律法规较多。

第二,内容不平衡,现阶段,我国全民健身相关法律法规主要涉及体育彩票、学校体育、体育场馆、健身俱乐部等方面,其他相关方面很少涉及。

四、新时期全民健身法治建设的任务

(一)加强健身法制宣传

要不断推进全民健身活动的持续开展,就必须从法律层面保障每一个社会大众的参与体育健身的权利,并提高社会大众的依法健身意识,从法律的角度明确自己的健身权利并积极争取在合法范围内开展各种健身活动。这有利于在全社会形成一个良好的全民健身法治环境。

当前,对大众的健身法律宣传与保护要多方面、大范围地开展,不断提高广大群众健身意识和科学健身知识水平,同时,要为群众健身方法的科学研究、技术推广和科普工作等提供法律保障。

(二)健全健身法规体系

法律制度是保证和推动全民健身活动的最根本的制度保障。当前,应从国家层面尽快制定完善我国全民健身法律体系。

从政府工作层面来说,不断健全各个方面的立法建设,重点关注以下方面:

(1)公共体育设施。
(2)社会化健身活动。
(3)健身活动组织。
(4)健身骨干队伍。
(5)健身体育管理。
(6)健身服务市场。
(7)医疗卫生、中医药、药品管理等。

现阶段,要不断加快我国的全民健身法治建设进程,从体育健身本身和相关方面制定先进的法律法规,以不断完善我国全民健身的法律体系,使全民健身各项活动都能有法可依、受法律保护并得到真正落实与开展。

(三)健身体现法治文明

在全民健身事业发展过程中,受各种各样的因素影响,可能会出现各种矛盾和问题,在解决这些矛盾和问题时,应首先有法可依,其次要认真结合相关法律法规文件有序解决各种问题。要做到在全民健身各项活动的开展过程中始终体现出法治文明,这也是能使得我国全民健身活动能持续开展的重要基础。

五、新时期全民健身法治建设的原则

(一)坚持以人为本

中国特色社会主义社会是以人为本的社会,全民健身活动的开展也必须坚持以人为本,以广大人民群众的体育需求来制定相关的体育健身的法律法规,确保群众各项体育健身能够依法开展,保障每一个居民的健身权利。

从法律保障和维护人权的角度来说,公民的健身权利和权益保障是国家提供的体育公共服务,是人和社会全面发展的根本体现。在国家法治秩序的建构中,人的主动性、创造性对法制进程发挥积极的推动作用。

全民健身法治建设,要通过法律推动、保障人民开展健康文明的生活方式、形成和谐的社会精神风貌、促进健身活动的公平有序开展。

倡导民主和谐,形成良好社会秩序,是健身法治建设的根本方向和追求。

(二)政府推动与全民参与相结合

如前所述,我国全民健身法治的推动是由政府自上而下进行,政府在全民健身的推进过程中发挥着非常重要的作用。

在未来的全民健身法治建设过程中,政府要持续发展其领导与指导作用,结合我国全民健身的基本国情制定从上而下的完善的健身法律体系,通过法律文件推动我国全民健身的强制性与程序性开展。

此外,也必须认识到,全民健身具有民众自愿参与性,政府在加强法治建设的同时,也要重视全民健身的积极引导,通过法律与宣传教育相结合的方式,使得政府推动与全民积极参与有效结合起来,如此才能确保全民健身能在法治过程中有效协调各方面的权力和利益。

为了实现政府法治建设中的教育性、人文性,要关注民众的健身需求,自下而上、自民间向国家提出自发性的法律变迁,即依靠社会的、民间的自然生成的制度、规范,然后再通过对这些制度、规范的法律完善去保障全民健身活动开展的各项权利与义务,形成国家推进和公民参与的良性配合、互促共进。

(三)借鉴创新,坚持中国特色

当前,我国也已经逐步融入世界的法治潮流,我国的健身体育法治正在以前所未有的速度发展,正与世界其他各国一道推进国际健身体育的法治化进程,接受国际规则,遵循国际惯例,实现健身体育的法律移植并进行本土化的创造。

必须提出的是,全民健身是我国的一个重要的中国特色工程,是中国体育发展的基本国情所决定的,健身参与对象是中华人民共和国的公民,自然要体现出中国特色。我国全民健身法治建设要符合我国的国情,要体现出中国特色,不能盲目对国外的社会大众法治建设经验与条例实施"拿来主义"和全盘接受,要"取其精华,去其糟粕",结合我国具体国情进行本土化改造和创新。

(四)社会需求和效益协调发展

社会需求决定着法律的质,也制约着法律的量。目前,我国健身法律还不能完全满足各个方面主体的实际需要。

当前和未来一段时间,健身体育法治建设,要以社会需求和社会效益为先导,坚持健身体育法治的协调发展。具体要求如下:

(1)协调健身体育法治建设与经济基础、上层建筑的关系。

(2)协调法治内部关系:立法、司法、守法之间的协调发展。

(3)协调健身法律法规体系。

(4)协调健身体育法治理论与实践。

(5)坚持健身体育法律的地方性与国家统一性。

(6)正式制度与非正式制度相结合,既要重视国家正式制度的安排,又要贴近国情和民情,促进地方健身体育法律的发展。

第二节 全民健身法律性质及法律制度

一、全民健身法律性质

(一)全民健身是一项公益事业

2002年7月22日,中共中央、国务院《关于进一步加强和改进新时期体育工作的意见》中明确指出:"群众性体育属于公益事业。"

全民健身是事关全民族健康素质的公益事业,其性质决定了其发展主要靠政府引导,依靠政府财政支持、依靠政府提供公共服务。在政府的引导、支持、推动下,使广大人民群众能享受到体育健身公共指导与服务。

(二)全民健身活动的法律地位

这里结合我国不同法律法规对我国全民健身的法律地位进行阐述。

1.《中华人民共和国宪法》对群众体育的阐述

《中华人民共和国宪法》(以下简称《宪法》)是我国健身体育活动最根本的法律依据,在我国法律体系中处于最高的位阶。

《宪法》第21条规定"国家发展体育事业,开展群众性的体育活动,增强人民体质"。

《宪法》第22条规定"国家发展为人民服务、为社会主义服务的……文化事业,开展群众性的文化活动"。

2.《中华人民共和国体育法》对社会体育的阐述

《中华人民共和国体育法》(以下简称《体育法》)是全民健身活动的直接法律依据。《体育法》中专章规定了社会体育的内容,指出社会体育是整个体育领域非常重要的组成部分。

特别是《体育法》中明确规定，"国家发展体育事业，开展群众性的体育活动，提高全民族身体素质"，"国家提倡公民参加社会体育活动，增强身心健康"，"地方各级人民政府应当为公民参加社会体育活动创造必要的条件，支持、扶助群众性体育活动的开展"，明确了国家对社会体育法治的态度与责任。

3. 其他法规规定

除《宪法》和《体育法》外，我国还先后颁布了许多规章和规范性文件，规定、指导和促进着全民健身活动的开展。为我国整个体育事业和社会体育的发展指明了方向。

近年来，我国更是加大了体育事业的发展力度，尤其重视发展大众体育。为了推动包括社会体育在内的体育事业的发展，我国先后制定和出台了一系列相关政策、法律、法规，切实保障了广大人民群众参与体育活动的基本权利（表7-2）。

表7-2　21世纪以来我国体育相关法规制度

年份	政策与制度颁布
2000	《2000—2010年体育改革与发展纲要》
2006	《体育事业"十一五"规划》
2008	《中国体育彩票全民健身工程管理暂行规定》
2009	《全民健身条例》
2011	《全民健身计划（2011—2015年）》
2012	《体育事业"十二五"规划》
2014	《关于加快发展体育产业促进体育消费的若干意见》
2015	修正《中华人民共和国体育法》
2016	《体育发展"十三五"规划》
	《全民健身计划（2016—2020）》
	《青少年体育"十三五"规划》
	《关于加快发展健身休闲产业的指导意见》
	《"健康中国2030"规划纲要》

续表

年份	政策与制度颁布
2017	《关于大力发展体育旅游的指导意见》
	《全民健身指南》
	《体育标准化管理办法》
2019	《健康中国行动(2019—2030年)》
	《关于促进全民健身和体育消费推动体育产业高质量发展的意见》

如《关于进一步加强和改进新时期体育工作的意见》指出"开展全民健身活动,增强人民体质,是体育工作的根本任务,利国利民、功在当代、利在千秋的事业"。

(三)全民健身法律关系及活动主体

健身法律关系及活动主体是指健身法律关系的参加者,包括权利主体和义务主体,各主体权利和义务细分如表7-3所示。

表7-3 全民健身相关主体的权利与义务

相关主体	权利/义务
国家	提供健身公共服务
公民	依法享受健身权利和承担健身义务
国家体育行政机关和其他国家机关	依法行使健身体育活动管理职权
其他企事业组织和社会组织	配合政府组织公民实施健身活动

二、全民健身管理制度

全民健身离不开政府各部门的协调推进,离不开各组织与部门的共同支持。现阶段,我国已经逐步建立了全民健身领导体系和组织网络,未来这一领导与组织体系还将不断完善,以形成多渠道、多层次、多形式开展全民健身新格局。

全民健身组织与管理新格局的形成需要相应的健身管理制度与条例进行支持,具体包括以下几类:

（一）健身标准与体质监测制度

全民健身的开展需要从政策落实到具体的健身活动中去,健身效果如何需要及时进行反馈,并就全民健身工作进行及时调整与完善。

建立健全全民健身锻炼标准与体质监测制度,要鼓励社会大众积极参加各种形式的体育健身活动,并积极开展健身咨询、体质测试、体育兴趣小组、健身竞赛、体育节等活动,并定期对大众健身进行体质健康检测,了解大众健身水平和健身发展现状。

（二）全民健身服务与设施制度

建立健全全民健身服务与设施制度,需要做好以下三个方面的工作:

（1）政府应积极投资兴建、改建、扩建、新建大型公共体育场馆。

（2）学校应在确保本校体育课程正常开展的情况下,积极向本校学生开放体育场馆与设施,方便学生在课余时间进行体育健身,同时,学校要有效提高本校闲置体育场馆与体育设施的利用率,在周末和假期通过不同形式向社会开放。

（3）社会层面,要积极鼓励社会力量投资兴办健身设施。

（三）全民健身产业制度

全民健身产业制度的完善要求如下:

（1）国家通过制定指导性计划和产业政策,运用财政、金融等经济手段影响市场主体的利益,调节市场行为,使之符合国家宏观经济和社会发展目标。

（2）国家通过制定体育产业政策,如财政、税收、金融、价格等,调控企业行为,促进各地区、部门、企业资源优化配置。

（3）加快立法促进体育彩票、健身用品、健身市场迅速发展。

(四)全民健身法律保障制度

全民健身法律保障制度具体应包括以下内容:

(1)健身活动伤害制度,重点解决如校园设施伤害,公共健身设施伤害等问题。

(2)健身体育事业经费制度,如政府列专项经费,为全民健身活动的开展筹措资金、完善基础体育设施建设。

(3)健身活动安全保障制度等。

(五)全民健身法律救济制度

全民健身的法律"救济"与社会"困难救济"不同,具体是指通过一定的程序和途径裁决健身活动中的纠纷,给予当事人法律权益保障。

当前和未来一段时期内,实施健身法律救济制度,有利于有效保护参与健身活动的人民群众的合法权益。具体来说,全民健身的法律救济途径有以下几种:

(1)诉讼渠道(司法解决)。

(2)行政渠道(行政申诉、行政复议等)。

(3)其他渠道(调解、仲裁等)。

第三节 《体育法》与《全民健身条例》

一、《体育法》

(一)《体育法》的颁布

1995年8月29日,经第八届全国人大常委会第十五次会议审议通过,我国颁布了《中华人民共和国体育法》(简称《体育法》)。《体育法》的颁布填补了国家立法空白,标志着我国体育工作进入了依法行政、依法治体的重要阶段,也从根本上确立了大众体育的发展地位和作用;同时,也标志着我国的全民健身进入了一个法制阶段。

此后,在 2009 年 8 月 29 日、2016 年 11 月 7 日,为更好地促进我国人民群众的体育参与权利和体育相关利益维护,我国先后就《体育法》进行了修订。修订后的《体育法》为新时期进一步"增强人民体质,提高体育运动水平"指明了发展方向,使我国新时期的体育事业发展有了更加完善的法律保障。

《体育法》的颁布与实施使得我国的全民健身事业进入一个新的更高层次的发展阶段,是促进大众健身活动和大众健身事业发展的重要法制基础。

(二)《体育法》中全民健身相关条文的阐释

《体育法》作为我国体育领域最高立法层次的体育基本法律,是我国全民健身开展的强有力的法律依据。

《体育法》明确规定"国家推行全民健身计划",着力强调"开展群众性的体育活动,提高全民族身体素质。体育工作坚持以开展全民健身活动为基础,实行普及与提高相结合,促进各类体育协调发展"。

《体育法》中多项条款对健身活动做出了规定,列举如下:

第二条:"国家发展体育事业,开展群众性的体育活动,提高全民族身体素质。体育工作坚持以开展全民健身活动为基础。"

第十条:"国家提倡公民参加社会体育活动,增进身心健康。"

第十一条:"国家推行全民健身计划,实施体育锻炼标准,进行体质监测。"

第十二条:"地方各级人民政府应当为公民参加社会体育活动创造必要的条件。"

第十六条:"全社会应当关心、支持老年人、残疾人参加体育活动……",全民健身涵盖全体公民,包括各类人群。

第十二条:"农村应当发挥村民委员会、基层文化体育组织的作用,开展适合农村特点的体育活动。"在农村普及、推广、开展全民健身活动是我国全民健身工作的重要内容之一。

第二十三条:"学校应当建立学生体格健康检查制度。教育、体育和卫生行政部门应当加强对学生体质的监测。"在学校加强体育教育,能为全民健身提供有效的教育补充,有利于通过学生群体吸引更多的人关注和参与全民健身,对于未来全民健身社会体育人口的增加也具有重要促进作用。

二、《全民健身条例》

(一)《全民健身条例》的颁布

2009年8月30日,国务院制定公布《全民健身条例》,2009年10月1日起施行。

2013年7月18日,根据《国务院关于废止和修改部分行政法规的决定》,对《全民健身条例》进行了第一次修正。

根据2016年2月6日,根据《国务院关于修改部分行政法规的决定》,对《全民健身条例》进行了第二次修正。

《全民健身条例》的颁布与实施,有利于促进新时期我国全民健身工作的持续开展,为全民健身提供了行政法规保障,有利于提高公民身体素质,保障公民在全民健身活动中的合法权益。

(二)《全民健身条例》中全民健身相关条文的阐释

《全民健身条例》(2009)中对全民健身的促进与开展内容有如下内容:

第三条:"鼓励体育类社会团体、体育类民办非企业单位等群众性体育组织开展全民健身活动"。

第四条:"公民有依法参加全民健身活动的权利"。

第六条:"国家鼓励对全民健身事业提供捐赠和赞助"。

第十二条:"8月8日为全民健身日",在当日,加强全民健身宣传,积极组织和参与全民健身活动。

《全民健身条例》的颁布与实施,以及之后的两次修订,为全民健身提供行政法规指导。

第四节　全民健身工程的实施

一、全民健身工程的产生背景

我国开展实施全民健身工程,是由我国社会经济和体育事业法治过程中遇到的各种问题所决定的,也是我国体育事业法治未来要不断完善的需要和必然要求。具体来说,可以从以下几个方面来理解我国全民健身工程开展的背景因素。

(1)随着社会生产力的发展,我国民众的健身意识、健身时间都有了显著的提高,群众健身需求不断增强,广大人民群众越来越重视生活质量的提高,在这样的社会大背景下,开展全民健身工程,是对当下满足人民日益增长的体育健身需求的决策。

(2)20世纪90年代中期,我国群众体育场地设施严重缺乏,严重制约了群众体育发展。

(3)体育彩票公益金的60%用于全民健身,为"全民健身工程"开展奠定了条件。

全民健身工程的配建与实用管理不断完善,切实保证和推进了人民群众的各项体育健身活动的开展。

二、全民健身工程的发展现状

(一)全民健身路径工程

现阶段,我国国家和地方政府利用体育彩票公益金支出用于配建"健身路径"的资金总数逐年不断增加。

目前,我国全民健身路径从城市社区,到农村乡镇,群众性体育公共设施实现了跨越式发展。

(二)全民健身活动中心建设

目前,我国全民健身活动中心主要包括以下几种。
(1)居民小区级的"全民健身活动中心"。
(2)街道级"全民健身活动中心"。
(3)市辖区级"全民健身活动中心"和城市级的"全民健身广场"。
(4)"体育主题公园"。

当前,我国健身活动中心的室外健身设施初步健全,城市社区和乡镇都有了一定数量、一定规模的健身路径。

除了为广大人民群众提供了日常开展健身活动的基本硬件设施外,近两年,我国的大众健身基础软件体育设施也在不断得到完善中。

(三)全民健身活动基地建设

2001年开始,国家打造第一个国家级"全民健身活动基地"。

2004年,我国新疆地区建成西北最大的全民健身活动基地,为当地人民参与全民健身活动提供了优质的健身场所。

目前,我国最大的"国家全民健身示范基地"是国家奥林匹克体育中心。

(四)"雪炭工程"实施

为全面推进我国全国各地的全民健身活动的开展,满足"老、少、边、穷"地区日益增长的体育健身需求,从2001年开始,我国先后投入专项资金在"老、少、边、穷"建设"雪炭工程"。此工程得民心、顺民意,大大改善了中西部"老、少、边、穷"地区体育基础设施落后的局面。

"雪炭工程"鼓励人民参加符合实际、工期短、见效快的健身项目,并为这些体育运动项目的开展建设体育基础设施与场地,为各地人民群众积极参与体育健身活动提供了便利。

三、全民健身工程发展模式探索

健身路径工程、全民健身活动中心、雪炭工程和全民健身活动基地是我国全民健身工程的4种基本模式。各基本模式又有自己的具体发展模式(表7-4)。

表7-4 我国全民健身工程法治模式

健身工程内容	健身工程模式建设
全民健身路径	城市社区和农村乡镇配建项目
	健身广场配建项目
	公园配建项目
全民健身活动中心	居民小区、街道、市辖区级"全民健身活动中心"
	城市"全民健身广场"
	城市"体育主题公园"
雪炭工程	革命老区
	边疆少数民族地区
	贫困地区、资源枯竭地区
	下岗职工较多地区
	受灾受损严重地区
全民健身活动基地	正处于摸索阶段

四、全民健身工程发展趋势

随着我国全民健身工程的不断推进,我国全民健身的经验不断丰富。当前,我国全民健身工程在发展过程中表现出如下趋势:

(一)体育资金投入力度不断加大

全民健身工作的持续开展使我国广大人民群众的体育健身意识和需求都在不断增长,全民健身的基础性体育设施的建设必须得到应有的重视,以为广大人民群众提供良好的健身基础条件与设施。为不断丰富与完善全民健身的基础场地与设施,我国在全民健身工程方面的投资规模增大,资金来源的模式不断创新,投资原则和资金管理更加严格科学,为大众健身的体育健身资金投入与物质条件提供了资金保障。

(二)体育投资和配置日益多元

随着健身投入资金的逐年增长,我国全民健身工程的品种和门类不断增加,体育设施的设计将更加科学实用,能满足不同人群的多样化体育健身需求。

在体育投资充足的情况下,体育资金与体育物质资源的配置也日益合理化,各种多样化的健身广场、公园以及对不同地区的健身工程与健身活动基地的建设,为当地的居民积极参与体育健身提供了有效的物质基础保障。

此外,特别值得一提的是,随着全民健身工程的发展,与之相配套的法规不断完善,这更加有利于促进我国全民健身工程的可持续法治。

(三)区域健身发展不平衡情况的改善

全民健身工程的开展面向我国全体国民、惠及我国各个地区,对于广大人民群众来说,任何人,无论男女老少都享有参与体育的权利,并且国家和政府应该为人民群众能够参与体育健身创造良好的环境与条件。

随着我国全民健身工程的深入,我国东部地区和城市的大众体育健身已经有了较为丰富的场地设施,但在我国西部地区及经济欠发达地区的农村,健身场地与设施匮乏,群众健身缺乏必要的物质支持。为了改变这种健身困境,国家体育总局加大对这些地区的体育建设资金投资力度,在地方体育健身发展方面,地方配置投资在体育健身实际资金投入中的偏远地区和经济欠发达地区投入资金力度不多的比例正在逐渐发生变化,这对部分体育发展"贫困区"的体育健身发展来说是一种利好趋势。

国家体育总局对全民健身工程的投资在逐渐向西部地区倾斜,也充分体现了中共中央、国务院支援西部地区的决心和力度。

从较长一段时间来看,尽管经济欠发达地区的群众体育健身物质建设情况与指导员队伍建设方面,短期内无法与东部和沿海的大中城市相比,但是东西区域间的体育健身发展的差距正在缩小。

(四)全民健身工程快步向农村拓展

我国农村人口占我国总人口的较大比例,关注农村全民健身开展是我国全民健身工作的一个重点。

当前,我国在农村地区,已经建立了相当一部分数量的全民健身工程,全民健身工程正持续不断进入到更多地区的诸多村庄中去,我国农村配建的村庄级全民健身工程的数量还在持续增加中。

第八章　全民健身组织管理体系构建

全民健身是一个复杂和系统的工程,要落实好各项工作内容就必须抓好各项工作的组织与管理实施,如此才能切实落实全民健身各项政策、引导广大人民群众科学、有效参与各种类型与形式的全民健身活动。构建科学的全民健身组织管理体系,可以使全民健身活动开展事半功倍。本章重点就这方面内容进行分析研究,以为全民健身活动的高效、持续推进提供组织管理指导。

第一节　当前我国主要体育组织及管理

一、我国主要体育组织

(一)体育行政部门

体育行政部门是专门从事体育实务的行政管理部门。我国全民健身相关行政部门主要有如下几个:

1. 国务院体育行政部门

在我国体育事业发展推进中,国务院体育行政部门中,主管全民健身工作开展的主要是国家体育总局(General Administration of Sport),国家体育总局成立于1998年3月,负责全国体育工作。

当前,国家体育总局中的群众体育司负责大众体育事务。

2. 国务院其他有关部门

全民健身工作的开展,仅仅依靠体育部门是不行的,还需要其他相关部门的配合,隶属于国务院其他有关部门均在本部门职权范围内支持全民健身工作开展(表8-1)。

表8-1 国务院相关部门对大众体育的管理方式(部分)

直接管理		间接管理	
部门	体育内容	部门	体育内容
教育部	学校体育	民政部	体育社会团体
国家民族事务委员会	少数民族体育	国家工商行政管理局	体育经营
农业部	农民体育	国家税务总局	体育活动税收
铁道部	职工体育	公安部	体育活动治安问题

3. 县级以上地方政府体育行政部门

设有群众体育处(或科),或设置专人,依法负责对辖属区域内的各项大众体育活动的管理。

4. 县级以上地方各级政府有关部门

相关部门主要包括教育部门、民族部门以及农业、工商、税务、公安等部门,这些部门与地方政府行政部门协作促进各项体育工作的开展。

5. 乡、民族乡、镇政府的其他有关部门

负责本行政区域内的各项体育工作管理,是最基层的群众体育工作。

(二)体育相关群众组织

1. 体育相关社会团体

我国有多种形式与内容的社会团体,不同的社会团体的服务对象不同,服务内容也有所不同,工会、妇联、残联、共青团等社会团体,具有完善的组织系统,能针对不同人群进行体育引导与组织,促进不同群体的健康发展。

2. 居民委员会和村民委员会

现阶段,我国很多基层群众体育活动都是由居委会和村委会组织开展的。

居委会和村委会深入基层人民群众中开展各项行政工作,比较了解基层百姓的各种需求,包括体育健身需求,因此,依靠居委会和村委会开展各项群众体育工作具有重要的便利性和针对性。

(三)体育社会团体

体育社会团体在全国全民健身推广和竞技体育发展中发挥着非常重要的作用。

我国常见体育社会团体有如下几类:

1. 各级体育总会

我国各级体育总会的具体职责如下:
(1)发展体育事业,普及群众体育,提高国民素质。
(2)宣传与推广大众体育。
(3)团结体育工作者,推动体育改革。
(4)展开广大人民群众教育。
(5)促进社会主义文明建设。
(6)培养体育人才。
中华全国体育总会拥有众多会员,对我国各体育运动项目的群众体育活动开展与竞技赛事、竞技水平发展起到推动作用。

2. 各级行业系统体育协会

行业系统体育协会是在民政部门登记、备案的体育组织部门，是行业内的体育主管团体。

目前，在我国诸多行业中，如铁路、航空、邮电、机械、石油、林业等，都有体育协会负责本行业内的从业人员的体育工作的开展，群众普及面非常广泛。

除了上述协会，我国各级运动项目协会、传统体育项目协会在促进我国群众性体育健身工作开展方面也起到了重要的组织、指导、管理作用。

(四)基层体育组织

我国基层体育组织主要以街道社区、锻炼点、辅导站等基层体育组织活动形式开展群众性体育互动。基层体育组织的大众体育健身活动开展具有经常性、自发性、公益性等特点。

具体来说，我国基层的体育组织有如下几类：

1. 街道社区体育组织

街道办事处隶属于基础政府部门，以街道办事处为依托的社区体育协会组织开展群众体育健身活动，极大地丰富了基层人民群众的体育生活。

2. 乡镇体育组织

乡镇政府是我国农村基层政府对基层人民群众的体育健身工作开展进行综合引导与管理，乡镇体育组织在乡镇政府的领导下在本行政辖区内开展群众体育工作。

3. 体育指导站

体育指导站是群众性体育活动的体育组织，负责进行基层体育健身宣传,为民众参与体育活动提供健身场所、器材、设备,并对参与体育活动的群众进行科学体育指导。

4. 青少年体育俱乐部

青少年体育俱乐部主要负责引导和组织青少年群体参与体育健身活动。现阶段,我国非常重视青少年体育的发展,针对青少年体育活动组织与管理的社会化、公益性的青少年体育俱乐部数量逐渐增多,但是与体育发达国家相比,我国青少年体育俱乐部出现的时间较晚,数量少、人员少、职能也不健全,还需要得到进一步的发展与完善。

二、我国体育活动管理方法

(一)行政方法

全民健身是一项举国工程,离不开政府的引导与宏观管理,全民健身中体育管理的行政方法的行使部门主要是政府、体育行政部门。在政府引导下,通过行政管理方法对广大人民群众体育活动进行管理,可确保全民健身始终向着正确的方向发展。

1. 行政方法的体育管理特征

体育行政管理方法的管理特征具体分析如下:

(1)强制性:强制性是行政方法的鲜明特性之一,行政管理方法一般是上级指示,下级执行,执行过程中需要行政权力的绝对支持,和其他体育管理方法相比,工作效果较显著。

(2)权威性:就行政管理方法来说,其有效性主要取决于管理的权威性,行政管理具有绝对的权威性,下级绝对服从上级,对上级负责、接受上级监督,有利于确保全民健身中体育各项工作的有序开展。

(3)纵向性:全民健身中体育管理的行政方法由上级颁布实

施、下级遵照执行,上下级关系明确,反对横向干预,可以有效避免指挥乱象。

(4)稳定性:行政管理政策与制度的实施具有一定的时限性,不可能朝令夕改,因此,能确保全民健身工作的持续推进,确保全民健身的长久可持续发展。

2. 行政方法体育管理要求

(1)集中领导:行政管理应具有权威性,这种权威性必须要建立在集中领导的基础之上。

(2)分级管理:全民健身涉及全社会诸多因素,对于整个社会各方面的调度来说要统筹兼顾、考虑周全,要实现全民健身工作的科学有序,就应该做到分级管理,专人专项负责各级做好分内之事,层层推进。

(3)权、责一致:结合管理目标赋予应有的权力,同时,管理者应树立责任意识和服务意识,避免以权谋私、玩忽职守。

(4)调动被管理者的积极性:全民健身面向全体人民群众,行政管理虽然是自上而下的上传下达,但是任何关于全民健身的决策都必须要真正从广大人民群众的体育健身需要和要求出发,不能"凭空想象",要满足广大人民群众的健身合理要求,以充分调动广大人民群众积极参与体育健身锻炼的积极性与主动性。

(二)法律方法

1. 法律方法的体育管理特征

(1)强制性:法律面前人人平等,在体育健身活动参与过程中,也必须明确自己的法律权利与义务。

(2)规范性:法律的强制性决定了法律的规范性。

(3)稳定性:法律法规一经颁布就不能随便更改,具有一定的稳定性。

2. 体育管理相关法律法规

当前,我国全民健身体育管理方面相关法律法规、制度如表 8-2 所示。

表 8-2　全民健身相关体育法律法规

体育参与的法律法规	《中华人民共和国体育法》
	《全民健身计划纲要》
	《全民健身中体育指导员技术等级制度》
国民体质测定相关制度	《中国成年人体质测定标准施行办法》
	《国民体质监测工作规定》
体育锻炼的相关标准	《国家体育锻炼标准》
	《社会大众体质健康标准(试行方案)》
	《普通人群体育锻炼标准》

(三)经济方法

1. 经济方法的管理特征

(1)有偿性:经济方法通常是通过经济政策诱导来实施的,从市场发展和经营获利角度促使体育经营主体在相关政策下"搭便车",投入一定的资源,支持体育产业与体育事业发展。

(2)间接性:经济方法激励个体和集体开展体育经营活动、进行体育健身消费。

(3)关联性:经济方法影响面宽、涉及因素多,且会引发连锁反应。

2. 全民健身经济管理相关层面

(1)行政拨款:针对基础体育设施建设的福利性拨款。

(2)税收:对体育市场主体实施税收优惠。

(3)价格:通过调整体育商品或服务影响体育消费市场供求。

(4)奖金:通过奖金发放鼓励体育经营者、消费者积极参与体育市场活动。

(5)罚款:通过罚款方法规范体育产品、体育服务、体育消费市场,规范体育市场行为。

(四)宣传教育方法

1. 宣传教育方法的体育管理特征

(1)先行性:通过宣传和教育予以预防,抑制不良效应。

(2)疏导性:对全民健身中存在的问题,进行因势利导,保证全民健身工作更加有序、顺利开展。

2. 全民健身的大众媒体宣传教育

全民健身需要大众媒体积极发挥自身的宣传、引导、教育作用,要有效实施体育宣传教育,必须依托多种形式的大众媒体积极开展全民健身中体育的报道,宣传体育健身,介绍全民健身中体育开展的意义与功能,从而提高广大人民群众的健身观念、健身意识,并促进大众健身行为的实施。

第二节 我国全民健身的科学化管理

一、全民健身观念与活动推广

(一)政府引导

新时期,我国国家和政府部门都高度重视群众体育的发展,强调全民健身工作一定要紧紧围绕党和政府的中心任务,服从国家利益,从全局出发,不断解放思想,与时俱进,做好全民健身工作的改革、创新与发展。

随着我国国民经济稳步增长,我国产业结构不断优化和升级,居民消费水平日益提高,在这样的背景下,人民群众开始追求更高质量的生活。

现今,人们的生活水平不断提高,余暇时间也不断增多,在这样的形势下,人们的工作状态和休闲状态逐步分离,人们的工作观和休闲观也开始转变。伴随着社会文明病的肆虐,"花钱买健康"的理念越来越受到认可,全民健身理念深入人心。

(二)媒体宣传

如前面所述,全民健身的持续推进离不开广大人民群众的关注、参与,而在引领广大人民群众思想与社会文化发展方面,除了政策引导,媒体宣传也发挥着重要作用。当前要持续吸引更多的人参与到全民健身中来,必须加强媒体健身宣传。

我国媒体对全民健身的宣传与推广主要有以下几种形式:

1. 传统媒体推广

传统媒体主要是通过广播和电视传播信息,在信息宣传上,能给人更加直观的感受,可以较好地通过语言传递体育信息与资讯,增强群众的兴趣度和信任度。缺点是不利于信息保存。

2. 纸质媒体推广

报刊、书籍、宣传彩页等都属于纸质媒体,通过纸质媒体宣传全民健身具有重复观看、反复阅读的特点。但就目前我国大众的社会参与与关注习惯来说,纸质媒体的缺点是受众面较窄,订阅报纸的人大多为事业单位、老年人群,即便是这些机构和人群也很少有专门订阅体育类报刊的,从报刊了解体育信息多通过报刊中的专栏,因此体育信息的覆盖面并不广。

此外,在农村以及社区的宣传栏中,也很少有专门的体育信息宣传,很多人并没有驻足于宣传栏,很多老年人视力不佳,对纸媒体的信息接收量有限。

3. 网络推广

当前信息社会，互联网技术的发展极大地促进了社会信息的传播，互联网是现代人获取信息的主要渠道。

网络媒体的受众多是年轻人，随着大众得到信息接收习惯的改变，很多老年人也学会了使用智能手机与软件，因此，新媒体时代，应该借助网络媒体宣传优势积极扩大全民健身宣传，吸引广大人民群众关注体育、参与体育。

需要特别关注的是，网络媒体中有很多自媒体的存在，要加强对这些自媒体的信息的审核，营造健康的社会体育环境。

（三）教育推进

全民健身的开展不仅要营造良好的社会体育环境与氛围，也要注重学校体育教育的发展，通过学校健康教育提高青少年学生的体育意识，帮助他们树立正确的体育健身观念，同时通过学校体育健康教育来培养未来的体育人口、社会体育指导员、体育方向各类人才。

二、全民健身项目与活动内容开发

（一）全民健身群众体育项目开发

当前，在我国社会基层的群众体育活动开展越来越多，体育运动健身项目内容大多是慢跑、健身舞蹈之类，具有很强的娱乐性与健身性，社区群众体育方面老年女性参与人数更多。

要做好基层人民群众的体育健身动员与组织、管理，基层政府组织应深入人民群众中进行健身调查，了解什么时候开展群众性体育活动、开展何种规模、以什么形式开展最为合适，了解广大人民群众对日常健身活动主题的需求、对活动时间的需求，对活动内容与形式的需求等。一些基层组织往往会考虑如何组织更方便就怎么组织,开展全民健身活动考虑形式多,研究内容和效果少,只能照顾到少数人的体育需求,只是在形式上走得很好看,虽然,阵容很强大,但实际上人们真正得到锻炼健身的却不多,甚至有群众根本不知道本地区举办了何种群众性体育健身组织、指导活动,群众难受益。针对这种情况,要尽量做到在基层人民群众的体育项目内容、形式开展的多样化,要定期或不定期组织小规模健身活动,并重视结合节庆日开展主题体育健康教育与锻炼活动,开展广大人民群众喜闻乐见、广泛参与的体育健身项目。

(二)全民健身体育文化活动开发

我国体育文化底蕴深厚,全国各地的体育文化各具特色,而且体育课程的资源也非常丰富。绝大多数的体育文化活动内容都具有极强的艺术性,很多民族传统体育文化活动将体育、艺术与音乐各个方面融合在一起,成为一种富有节律性的艺术活动。

我国民族体育文化活动,如民族体育运动会、民族体育文化节、民族体育活动表演等,有缓解压力、调节情绪的价值,也具有重要的健身与娱乐价值,能很好地陶冶人们的情操。当前,我国丰富多彩的体育文化活动已经探索出体育与文化、与经济的协调发展道路,极大地促进了我国不同地区、民族的体育文化发展,也促进了我国多地区多民族的人民体育参与。

三、我国全民健身的活动经费管理

(一)经费来源渠道

1. 政府投入

一直以来,我国的体育经费都是由政府提供的,政府对公共体育服务的经费支持是通过政府财政资金的专项拨款来实现的,如通过财政政策调整体育资源配置,对高消费体育娱乐项目多征税,对高雅体育项目少征税或免征税。[①]

在对体育事业的发展投资上,政府的体育财政投入结构也在不断完善。2000—2007年我国体育事业经费结构如下:

(1)体育基本建设支出。

(2)教育基建支出。

(3)教育事业费。

(4)体育事业费。

(5)科学事业费。

(6)科技三项费用。

(7)行政事业单位离退休经费。

(8)社会保障补助支出。

(9)政府机关经费等。

(10)其他部门事业费。

后奥运时代,和以往相比,我国体育事业各项支出科目发生很大改变。我国群众体育费占体育事业支出比重经历了一个曲折发展时期,2008—2011年呈下降态势,此后对广大人民群众的体育发展投资逐渐增多,呈现增长态势。投资结构如下:

(1)体育竞赛费。

(2)体育训练费。

(3)体育场馆费。

(4)群众体育费。

2. 体育彩票

体育彩票是我国面向全社会进行的一种公益性体育集资,多用于基层体育建设,是发展全民健身的重要经费来源之一。

我国体育彩票管理中心是隶属于体育总局的事业单位,带有

---

① 隋路.中国体育资源配置效率研究[M].北京:社会科学文献出版社,2011.

行政、企业与事业三位一体的特征(图 8-1)。①

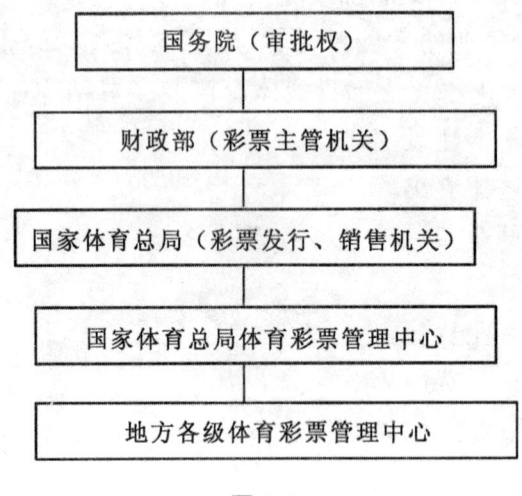

```
┌─────────────────────────┐
│     国务院（审批权）      │
└─────────────────────────┘
            │
┌─────────────────────────┐
│   财政部（彩票主管机关）  │
└─────────────────────────┘
            │
┌─────────────────────────────┐
│ 国家体育总局（彩票发行、销售机关）│
└─────────────────────────────┘
            │
┌─────────────────────────────┐
│  国家体育总局体育彩票管理中心  │
└─────────────────────────────┘
            │
┌─────────────────────────────┐
│   地方各级体育彩票管理中心    │
└─────────────────────────────┘
```

图 8-1

3. 社会集资

社会集资以企业投资为主，是一种新的资源配置分配。

新时期，全民健身持续推进需要更多的资金支持，加大社会筹资力度是筹集体育发展资金、推动体育长期发展、建立公共体育服务财政保障体系的有效途径。

(二)经费管理不足之处

1. 财政投入结构不合理

一方面，从国内体育发展来看，在有限的体育财政投入总量约束下，体育财政投入有限，公共体育方面的投入相较于竞技体育方面，政府财政投入存在着"缺位"与"错位"的行为，体育投入

---

① 朱小龙. 我国体育彩票业政府规制改革思路[J]. 武汉体育学院学报,2012,(46)12:34-38.

结构严重失衡长期存在,转变还需要一个时期[①];另一方面,从国际大众体育发展来看,当前我国政府在体育经费拨款上和体育强国相比,还处于比较低的水平。

2. 体育资金管理粗放

(1)体育资金缺乏统筹安排,项目重复,投入不足,浪费低效。
(2)缺乏体育资金使用导向。资金不足、资金闲置现象严重。
(3)体育资金投入重支出、轻管理。有资金没项目,有项目无资金现象并存,资金不能得到有效利用。
(4)体育资金投入缺乏科学预算。
(5)缺乏体育资金管理的有效监督、监察、评估。

(三)经费科学管理与使用

1. 树立综合平衡的思想

新时期,要持续推进全民健身发展,就必须充分认识到体育发展的公众性、公益性及在社会文明建设与国民素质提高方面的重要作用。要综合各方发展应做到以下几点:

(1)必须重视体育资金的渠道开发与资金管理,以科学发展观优化配置体育财政资金资源。
(2)对群众体育事业发展较好的地区、单位,中央财政应给予激励性奖励,给予财政补贴。

2. 进一步发展体育彩票

体育彩票是国家筹措体育资金的一项有效措施,可吸收社会闲置资金,未来还要继续发挥体育彩票对全民健身工作开展的资金支持,开发多样化的体育彩票形式来吸引社会零散资金筹措。

---

① 冯国有.体育公共服务均等化及其财政政策选择[J].上海体育学院学报,2017(6):31.

3. 加强经费管理监督

（1）加大体育财政监督力度，促进财政信息公开、透明。
（2）创造良好的预算管理改革政策氛围和契机。
（3）通过立法的手段，逐步建立与完善各种体育政策、法规体系，建立健全体育财政监督制度，使社会体育活动的开展有法可依、有章可循。

四、群众体育健身赛事管理

举办群众性体育赛事，能扩大体育影响，吸引更多的人关注和参与体育，是促进全民健身持续发展的一个重要和有效途径。

（一）成立赛事管理组织

成立赛事管理组织是进行体育赛事管理首先要做的工作，当前世界范围内的体育赛事管理组织结构主要有两种形态（表8-3），可结合赛事规模与特点选择合适的赛事组织形式。

表8-3 赛事组织形式与特点

赛事组织形式	特点
单一型组织结构	最高管理者掌握赛事决策权，直接负责赛事的所有工作
	组织结构灵活多变，利于决策
职能型组织结构	各部门人员职责明确，避免责任交叉重复，工作效率高
	要求工作人员具有较高的专业化水平
	组织间沟通协调存在一定局限性

（二）明确赛事项目

群众性体育赛事可选择的体育运动项目众多，赛事组织者可结合体育项目特点及分类（图8-2）选择对本组织来说可操作性强、可实现度高、受本地群众欢迎的体育项目来规划赛事。

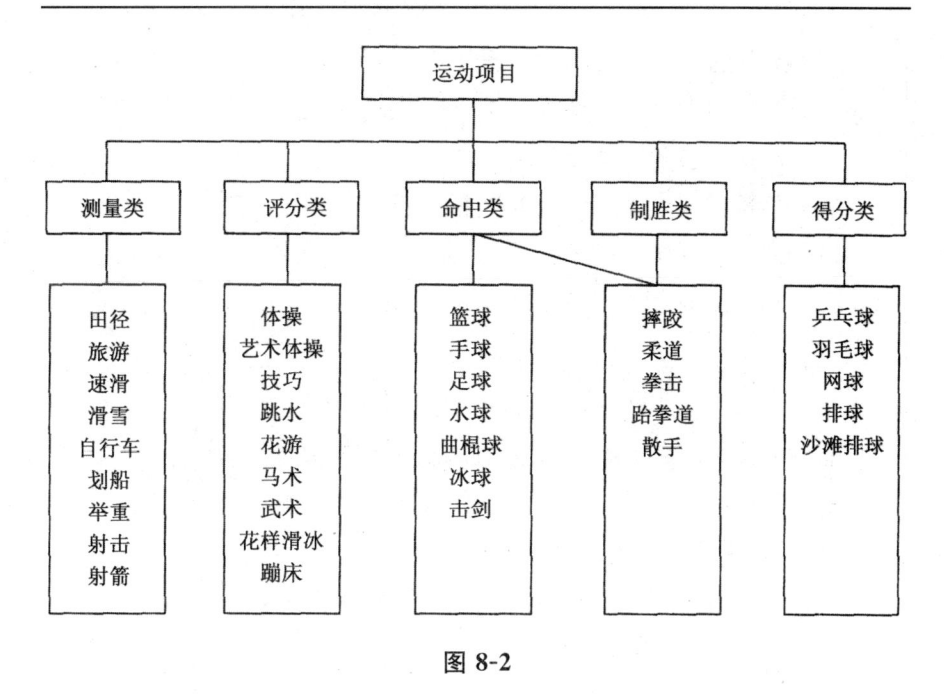

第八章　全民健身组织管理体系构建

```
                        运动项目
    ┌──────────┬──────────┼──────────┬──────────┐
  测量类      评分类     命中类      制胜类     得分类
    │          │          │          │          │
  田径        体操       篮球       摔跤       乒乓球
  旅游       艺术体操    手球       柔道       羽毛球
  速滑        技巧       足球       拳击       网球
  滑雪        跳水       水球      跆拳道      排球
  自行车      花游      曲棍球      散手      沙滩排球
  划船        马术       冰球
  举重        武术       击剑
  射击      花样滑冰
  射箭        蹦床
```

图 8-2

明确赛事项目,还要遵循以下两个原则:

(1)利益性原则:体育赛事举办之前,应当充分考虑好该项赛事能否满足主办方的利益需求,考量该项赛事能否为主办方带来利益。

(2)可行性原则:充分考虑客观物质条件、财务条件、人力条件能否为所选择的体育项目提供良好、稳固的基础。同时,考虑体育项目的受众和参与者的人群基础。

(三)制订赛事计划

计划赛事的目的是使组织稳妥有序安排和组织实施竞赛,尽量避免在比赛的性质、时间和经费等方面发生冲突。

一般来说,体育赛事计划需要专业技术人员和大型体育活动的专家共同参与来完成,当制订体育赛事计划的人员达到工作岗位之后,需要依次完成体育赛事计划各个环节的工作。

赛事计划应包括以下主要内容:

(1)赛事的名称。

(2)赛事的时间、地点。

(3)赛事的主办、承办组织机构。

(4)赛事的背景与"亮点"。

(5)赛事内容、规模、组织办法。

(6)赛事资源与取得资源方法的表述。

(7)赛事中的大型活动、主题活动、相关活动。

(8)赛事其他相关事宜。

(四)加强赛事宣传

对于群众性体育赛事宣传,应从以下几方面入手:

(1)保证每个运动员(队)和观众及时了解比赛的状况。

(2)宣传体育精神。

(3)扩大体育受众,普及体育运动与体育赛事。

(五)做好竞赛服务

体育赛事的组织与管理的最终目的是实现经济增收、扩大体育健身影响,做好赛事服务,能给参赛者、关注者良好的影响,有助于进一步推广全民健身。

良好的赛事服务要求如下:

(1)关注群众参赛、观赛需求。在满足自身基本经济效益获得的基础上尽最大可能降低体育消费者获得满足的成本。

(2)方便消费。良好消费体验的获得与赛事各方的全方位优质的服务是离不开的,方便、快捷、优质的服务能为消费者提供良好的消费体验。

(3)注重沟通。了解参赛者、赞助者、观众、媒体等的满意程度,从双向的交流过程中加强相互理解。

(六)赛事收尾与评价

1. 体育赛事的收尾

体育赛事结束后应做好以下管理工作:

(1)赛事财务决算,平衡账目。
(2)赛事场馆内的拆卸和清理工作。
(3)赛事借调人员返回。
(4)赛事器材、设备的归还、转让、出售和处理。
(5)离赛工作。
(6)成绩公布、印发。
(7)资料移交、整理。
(8)赛事工作总结、表彰、上报。

2. 体育赛事的评价

体育赛事评价,具体是指通过对赛事实施观察、测量和监视,正确评估赛事的过程,体育运动赛事的评价贯彻赛事的整个过程和各个环节。体育赛事的评价是多元化的,从赛事工作开展周期来看,包括赛前评价、赛事实施期间评价、赛后评价;从体育赛事的社会性质来看,包括赛事的竞技水平、经济效益、社会文化效益等的评价。

客观全面的赛事评价有助于组织者吸取经验教训,为下次群众健身赛事开展提供有效参考。

第三节　全民健身指导员队伍的建设与管理

一、全民健身指导员的职责与素养

(一)基本职责

一般来说,我国社会体育指导员应具备以下几方面职责:
(1)主动配合基层体育组织开展丰富多样的体育活动,通过各种方式带领广大人民群众积极参与全民健身活动。

(2)对广大人民群众的科学健身进行积极的指导,提高健身指导水平,从而为居民提供适宜的健身项目选择与参与指导,成为大众健身方面的良师益友。

(3)不断加强自身体育科学素养,通过自身健身知识来识别和反对伪科学体育健身,并且及时介绍和引入新的健身理念和方法手段,提高体育指导能力。

(二)基本素质

作为体育指导员,其应具备以下几个方面的基本素质:

1. 思想道德素质

体育指导员应加强提升民族体质的工作,同时还要有法制观念、道德修养以及高尚的事业心、责任心。

2. 体育价值观

体育指导员应树立正确的体育价值观,并向大众宣扬这种正确的价值观。

3. 体能素质

体能水平是体育人力资源的必备基础,一个跑不快、跳不高、动作迟缓的人来指导大家参与体育活动,显然不能得到被指导者的肯定,因此,良好的体能是体育指导员的必备素质之一。

4. 技能素质

体育指导员不仅要具备良好的体能,还要有自己擅长的一项或几项体育运动项目。良好的技能水平可以增强体育指导员的威信,这样才能有能力去指导具有一定运动水平与技能的体育运动健身者,更有利于体育指导工作的开展。

5. 科学文化素质

具体来说,体育指导员应了解相关体育组织历史、体育组织或体育项目的功勋教练员和运动员、著名体育赛事纪录、各项技术统计纪录等。

良好的文化水平有助于塑造体育指导者自身的风格与气质、整体形象,可促进体育指导者自身的可持续发展。

6. 工作能力素质

体育指导员在指导广大人民群众的体育健身中,应具备零号的沟通能力、组织管理能力、锻炼指导能力、科学研究能力,以及指导低等级社会体育指导员的能力等。

二、全民健身指导员的管理

(一)体育指导员的认定

目前,执行全民健身中体育指导员职业技能鉴定工作主要有两个部门,即国家全民健身中体育指导员职业技能鉴定指导中心、全民健身中体育指导员职业技能鉴定所(站)。实行统一命题、定期鉴定制度。

(二)体育指导员的培训

全民健身工作开展中,社会体育指导员"数量不断、质量不高"一直是制约全民健身持续发展的一个重要因素。当前和未来一段时间内,必须要加强体育指导员的培养。

全民健身中体育指导员的培养目的主要是提高指导员专业素质,使其更好地服务于全民健身中体育活动的组织与开展。

当前,我国全民健身中体育指导员分为以下四个等级:

(1)初级社会体育指导员,培训时间不少于150个标准课时。

(2)中级社会体育指导员,培训时间不少于120个标准课时。

(3)高级社会体育指导员,培训时间不少于90个标准课时。

(4)社会体育指导师,培训时间不少于60个标准课时。[①]

---

① 郭亚飞,刘炜. 社会体育学[M]. 北京:北京师范大学出版社,2012.

(三)体育指导员的管理原则

(1)系统原则:从整体出发,统观全局,合理配置人力资源,鼓励人力资源的自由流动。

(2)目标原则:在重视体育管理人才自身发展的基础上,实现管理的整体优化。

(3)能级原则:明确体育指导员的责任,授予其职权,实时监督与反馈,人尽其能。

第四节 全民健身活动组织的设施建设与改善

我国群众健身事业发展迅速,但是也存在不少的问题,例如资金问题、管理问题、文化建设问题,但是,最突出的一个问题就是群众体育健身场地缺乏的问题,这是制约我国群众体育发展的一个重要因素。

一、我国全民健身活动的基础设施现状

(一)区域发展不平衡

我国地域广阔,区域经济发展不平衡,各地的全民健身开展状况也不平衡,主要表现为城市全民健身基础设施建设优于农村地区、东部地区全民健身基础设施建设优于西部地区、大中城市全民健身基础设施建设优于乡镇。

(二)场地设施分布不均

调查发现,无论在城市还是农村,我国面向公共开放的体育场地与物质设施主要集中在行政单位区域,如在村委会、村服务

中心、社区服务站、派出所驻地等,还有很多是在组织机关内部场地中建设。农民参与积极性不高,居住较远的人对体育场地的使用率低。

(三)场地设施存在安全隐患

安全是个体和群体从事体育健身锻炼的一个重要基础和前提。随着全民健身的持续开展,我国加大全民健身的路径,在前几年,全民健身公共设施建设呈现出一个建设小高峰,在一定程度上缓解了人均体育健身场地与设施不足的问题,但同时也埋下了健身场地质量缺乏保障,后期维修工作做不到位的隐患。

当前,很多地区的很多体育场地被挪为他用,一些体育健身设施损坏严重且不能得到及时有效的维修,篮球架断裂和腐蚀、健身器材锈蚀和断裂的现象较多,为群众参与体育健身过程增加了安全隐患。

二、我国全民健身活动设施的改善措施

(一)加强公共体育场馆建设

在我国,大型体育场馆建设等的投资由政府承担,这是政府在履行相关义务,是对纳税人生活权利的尊重和保护的表现。小型体育场馆可以由企业、个人投资建设,并行使具体的经营管理权。

近年来,为引导广大人民群众积极参与体育健身,我国大部分体育基础设施建设都是由国家出资建设的,如国家体育总局利用体育彩票公益金修建了全民健身工程。我国在公共体育场馆、场地建设方面投入了大量资金,也鼓励社会资金投入,很多单项和综合体育场馆纷纷建立并面向公众开放,政府还支持各地进行城市规划和建设城市健身路径、体育公园。

随着近两年大众冰雪体育运动热情的高涨,我国冰雪运动场

馆场地数量也在不断增加,满足了人民群众的冰雪运动健身需求。

需要特别指出的是,建设的体育场地设施应根据当地政府的经济能力、大众健身实际需求和当地特色文化风俗进行适当增调,场地建设的布局也应该是以方便大众锻炼、集体共享、全面覆盖、符合城乡空间规划为原则,尽量避免"面子工程""形象工程"。

(二)加强场馆场地管理

大众体育场地场馆建设后为广大人民群众提供了必要物质条件,要持续促进群众体育活动参与,还要加强对体育场馆场地的科学管理,使体育场馆场地得到高效利用,使健身者得到良好的健身体验。

1. 一般管理

(1)使用管理。包括体育场馆及各项体育设施、设备,及与体育活动相关的水、电配套设施管理。
(2)安全管理。包括治安、消防、生产、卫生管理等。
(3)物业管理。包括综合体育馆、体育场地及相应配套的商业网点,如酒店、超市、餐饮等的管理。

2. 维护管理

(1)合理分类,设置账卡,详细记载。
(2)明确管理职责,做好安全警示,出现问题,严肃处理。
(3)提高防范意识,以预防为主,定期检查、监督。
(4)及时修理、更换破损。

第九章 全民健身服务体系构建

全民健身工作的开展需要各个方面的支持,做好全民健身服务是确保全民健身各项工作持续、有序开展的重要条件之一。就广大人民群众的健身实践活动参与来说,良好的全民健身服务能确保每一个健身者有良好的健身体验,有利于健身者长期坚持健身,有利于培养健身者的终身体育意识与行为习惯。本章重点就我国全民健身服务体系的构建进行深入研究,以为全民健身提供良好、全面服务提供指导。

第一节 全民健身服务现状

一、全民健身服务对象与目标

(一)全民健身服务对象

全民健身的直接服务对象是广大人民群众,广大人民群众是运动健身促进体质健康的直接参与者。全民健身面向全体人民群众,凡是我国公民,无论男女老少,都是全民健身服务的对象。

(二)全民健身服务的目标

1. 总体目标

以"健康第一"为指导思想,为保障国民享有基本的运动健身权利而服务,提高国民体质、心理和社会适应能力。

2. 具体目标

全民健身服务的具体目标如下:
(1)了解与预测人民群众健康需求。
(2)制定科学合理的群众体质健康的促进计划。
(3)建立有效的群众健身促进体质健康的供给系统、运行机制。
(4)构建国民体质健康监测、管理以及评价体系。

二、全民健身服务的发展现状

(一)全民健身观念深入人心

从 1995 年到现在,我国全民健身已经开展了二十多年,2014 年,国务院发布《关于加快发展体育产业促进体育消费的若干意见》,要求到 2025 年,体育公共服务基本覆盖全民。

2016 年,习近平总书记指出"没有全民健康就没有全面小康"。

随着我国广大人民群众的健身意识不断提高,健身人数不断增多,要求我国全民健身服务体系的不断健全与完善。

在全民健身观念深入人心的社会背景下,全民健身服务必须要跟得上全民健身的发展需要,当前已经进入 21 世纪的第三个十年,正是实现 2025 年体育公共服务全覆盖的关键时期,深入探讨全民健身公共服务体系具有重要意义。

(二)全民健身服务体系结构

全民健身服务体系结构,是一种观念形态,也是一种运动的物质状态。结合我国体育学术界对全民健身服务体系结构的研究认为,全民健身服务体系结构有广义和狭义之分,不同的学者对此提出了不同看法。

裴立新指出,广义的全民健身服务体系结构应包括宣传、服务保障、工作保证、评估反馈和社会环境影响 5 个子系统。[1]

现阶段,关于我国全民健身服务体系结构的研究还在不断深入,全民健身服务体系结构的研究不断深入与完善,为构建系统、完整的全民健身服务体系奠定了理论基础,为全民健身服务的"广覆盖"提供了理论指导。

(三)区域全民健身服务发展

据相关调查研究,现阶段,全国范围内,我国区域全民健身服务发展主要呈现出以下特点与发展趋势:

(1)不同文化程度、收入水平、单位、主观认知的居民对健身服务体系建设的满意状况评价存在显著性差异。

(2)大众体育健身的需求逐年增强,当前的全民健身工程建设在一定程度上缓解了群众对健身场地设施的需求,但健身物质基础支持力度不足是影响全民健身服务体系的构建与完善。

(3)全民健身组织体系日趋完善、社会体育指导员队伍不断壮大,但社会体育指导员数量整体不足、指导效率不高是新时期构建健全的全民健身服务体系必须重点解决的问题。

(4)全国全民健身示范城市试点工作进展顺利,体育彩票公益金的健身投入力度不断加大。[2]

(四)全民健身服务运行机制

目前,我国全民健身服务体系的运行机制和管理模式尚未形成,很多体育专家和学者也在这方面积极建言献策。

武会利提出,应在政府、社会和市场的多元参与基础上,构建"政府支持、各方协作、社团管理、市民参与"的公益性全民健身公

---

[1] 裴立新. 全面小康社会多元化全民健身服务体系[M]. 北京:北京体育大学出版社,2003.
[2] 黄义军,翟东波. 全民健身公共服务体系研究现状及发展策略[J]. 西安体育学院学报,2017(4):189-194.

共服务体系。①

杨鸣亮指出构建西部中小城市全民健身服务体系运行机制和管理模式。

全民健身服务运行机制的构建要与我国的国情相适应，要与我国全民健身的发展现状相结合，究竟哪一种运行机制才是最为合理完善的全民健身服务运行机制还需要不断进行科学探索。

第二节　国民体质健康监测

一、国民体质健康监测概述

（一）国民体质健康监测的基本要素

国民体质健康监测，指国家为了系统掌握国民体质状况，以整群抽样调查方式，按照国家颁布的国民体质监测指标，在全国范围内定期进行的测试并对监测数据进行分析、研究。国民体质监测是对国民体质健康的一种全面性的了解与调查。国民体质健康检查主要围绕生理健康监测进行，即体质健康检查。体质监测的三要素主要是指形态、机能和素质。各要素如下：

（1）形态指标：包括身高、体重等。

（2）机能指标：包括肺活量、台阶试验。

（3）素质指标：包括握力、纵跳、坐位体前屈、俯卧撑（男）/仰卧起坐（女）、闭目单足站立、选择反应时等指标。

---

① 武会利.公益性全民健身服务体系的建立与运行机制研究[D].武汉：武汉体育学院，2009.

(二)国民体质监测与相近概念对比分析

1. 国民体质监测与国民体质检测

国民体质监测与国民体质检测仅有一字之差,但却是完全不同的两个概念和行为,二者的异同详见表 9-1。

表 9-1 国民体质监测与国民体质检测

	国民体质监测	国民体质检测
制定者	国家政府部门	国家政府部门
执行者	国家国民体质监测中心	体质监测组织/机构
目的	系统掌握国民体质状况	给予科学健身指导
依据标准	国民体质监测指标	国民体质测定标准

2. 国民体质检测与体检

体质检测与体检的目的不同,内容不同,具体如下:

(1)目的不同。体检是为了发现疾病、诊断疾病,而体质检测是为了全面了解人体的体质状况并给予评价。

(2)内容不同。体检是以诊断疾病为目的的各科医学检查,而体质检测包括形态、机能、素质方面的测试。

二、国民体质健康监测的内容

(一)人体形态

人体形态指标测量时,要严格按照人体形态定位(图 9-1)进行测试。

图 9-1

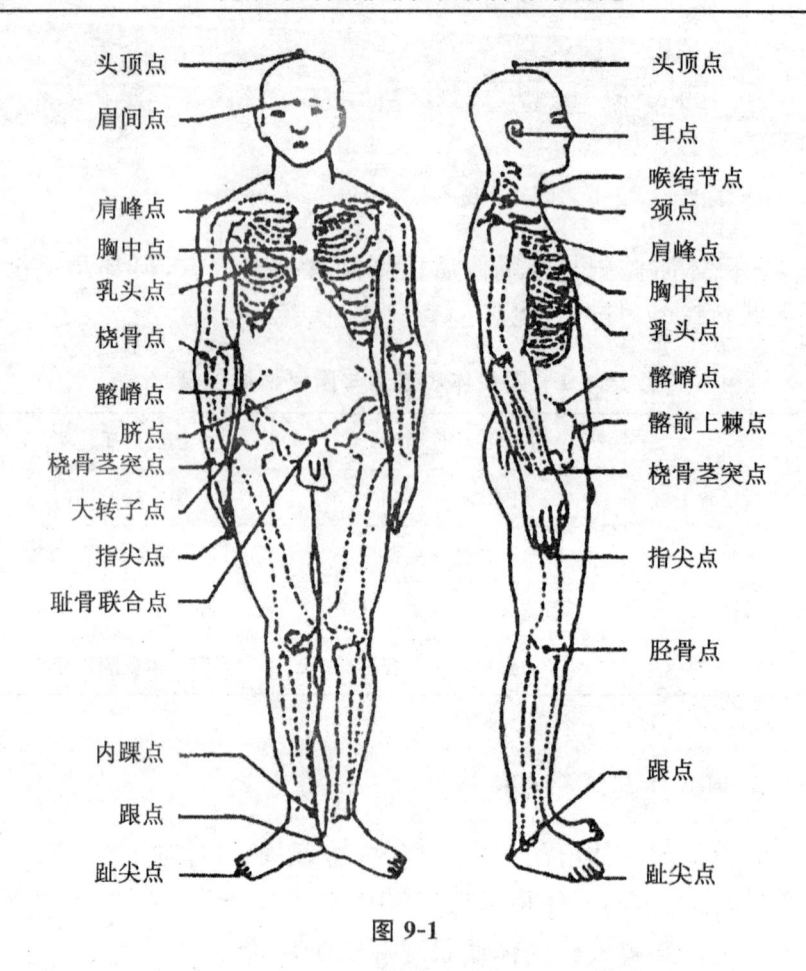

结合身体形态的指标,对人体形态的测量具体如下:

1. 身高

测量仪器:身高坐高计。

测量方法:被测者赤足,立正站姿立于底板上。测试者将水平压板下滑至头顶点,在两眼与压板呈水平位时读数并记录测量值。

注意事项:

(1)身高坐高计水平放置。

(2)水平压板与头顶接触松紧适度。

(3)测量单位为厘米,精确到小数点后一位。

2. 体重

体重是反映人体形态结构和横向生长发育水平的重要指标，可判定说明人体肌肉骨骼的生长发育水平和营养状况。

测量仪器：体重计。

测量方法：被测者赤足、着薄衣裤站立于体重计中央。

注意事项：

(1)穿薄短裤。

(2)测量时间最好在上午10点左右为宜，排尽大小便。

(3)测量单位为千克，精确到小数点后一位。

3. 身高标准体重(身高/体重)

身高标准体重是指身高与体重两者的比例应在正常的范围。

通过身高与体重一定的比例关系，能更加准确地反映受测者的生长发育的匀称度及相关关系。测量中，身高的单位为厘米，体重单位为千克，均保留1位小数，然后用测试值直接查表评分。

克托莱指数，又称"体重—身高指数"或"肥胖指数"，表示每1厘米身高的体重，是评价人体形态发育水平和匀称度的重要复合指标。

(1)计算公式：体重(千克)/身高(厘米)×1000。

(2)示例：测得某男性受试者的体重为65.3千克，身高为171.6厘米。其克托莱指数为：65.3/171.6×1000＝380.5。

4. 坐高

坐高是反映人体形态结构与发育水平指标之一，可反映个体生长反映情况及身体比例关系。

测量仪器：身高坐高计。

测量方法：被测者端坐在身高坐高计底板上，测试者将水平压板下滑至受试者头顶点，两眼与压板呈水平位读测量值。

注意事项：
(1)骶骨部和肩胛骨间紧靠支柱并坐直。
(2)测量单位为厘米,精确到小数点后一位。

5. 胸围

胸围是人体形态指标之一,是人体胸部肌肉发育状况的标志。
测量仪器：软带尺。
测量方法：自然站立,平静呼吸,检测者将软带尺上缘置于被测者背部肩胛骨下角,在胸部则将软带尺下缘置于乳头上进行计量。
注意事项：
(1)受试者不得低头、耸肩、呼气。
(2)测量单位为厘米,精确到小数点后一位。

(二)身体机能

1. 循环机能测量

人体循环系统,由心脏和血管构成,是一个闭锁管道,它能有效反映一个人的发育水平、体质状况和运动训练水平。最常用的测量指标是脉搏和血压,测量方法一般采用台阶试验测量进行。

测试仪器：电子台阶试验仪,台阶高度男子50厘米,女子42厘米。

测试方法：受试者站立在台阶前方,按节拍器发出的30次/分频率的提示音双脚交替踏上、踏下台阶。测试运动停止后1分到1分半钟、2分到2分半钟、3分到3分半钟的三次脉搏数。

注意事项：
(1)受试者必须按节拍器上下台阶。
(2)受试者上台阶时应直膝。
(3)测试人员严格按照测试方法准时、准确地记录三次30秒的脉搏数。

测试标准：指数越大,说明心血管机能水平越高。台阶试验评价计算公式：

$$台阶指数 = \frac{运动持续时间（秒）\times 100}{(f_1 + f_2 + f_3) \times 2}$$

2. 呼吸机能测量

(1) 肺活量测量

测量仪器：肺活量计（0～10000毫升）。

测量方法：受试者站姿，做1～2次深呼吸准备活动后，手握吹气嘴，做最大吸气，然后对准吹气嘴向肺活量计内做最大的呼气。每人测两次，每次间隔15秒。取两次测量中最佳值为成绩。

注意事项：

①受测者测试前，测试者讲清要领。

②受测者吸气和呼气均应充分，呼气不可过猛，防止因呼吸不充分造成漏气。

③使用一次性吹嘴。

(2) 肺活量指数测量

肺活量指数评定是利用各种有关指数来综合评价人体生长发育水平与机能水平的一种方法。

肺活量体重指数＝肺活量（毫升）/体重（千克）

3. 感觉机能测量

感觉是神经系统对外界刺激的直接反应，测量个体的感觉机能，可了解个体在日常活动和参与体育健身运动项目中是否能很快学习掌握动作技术，可了解与预测个体的运动水平。

测量器材：闭眼单脚站立测试仪。

测量方法：受测者以优势单脚支撑，另一脚置于支撑腿膝部内侧，两手侧平举。计时开始，尽可能长时间地保持平衡姿势，记录保持平衡的时间，测量2次，取时间最长的一次。

测量评价：维持平衡时间越长，说明感觉机能水平越高，评价标准见表9-2。

表 9-2　闭眼单脚站立测验评价标准　　　　（单位：秒）

性别	年龄（岁）	P_{10}	P_{25}	P_{50}	P_{75}	P_{90}	P_{97}
男	20～24	6	13	27	59	99	150
	25～29	5	11	24	49	86	143
	30～34	5	10	20	42	75	125
	35～39	4	9	18	38	69.9	117
	40～44	4	8	15	29	55	92
	45～49	4	7	13	25	48	80
	50～54	3	6	11	21	40	71
	55～	3	5	10	19	34	61
女	20～24	6	12	25	53	97	150
	25～29	5	10	22	46	84.4	148
	30～34	5	9	19	40	73	128
	35～39	4	8	16	32	63	111
	40～44	4	6	13	25	46	78
	45～49	3	5	11	22	40	70
	50～55	3	5	9	18	34	66
	55～	3	5	8	15	27	52

（三）身体素质

1. 速度素质测量

(1) 反应速度测量

测量仪器：电子反应时测试仪。

测量方法：受试者坐桌边，测试臂放松平放在桌子上，手指伸出桌边约 8～10 厘米，做好准备。测试人员捏尺子上端，尺下端 0 点基线与受测者拇指上缘呈同一水平。"预备"口令后，受测者快速捏住下落的尺子，记录大拇指上缘尺子刻度。测试 5 次，取平均值。

注意事项：

①发现受试者有明显预抓动作，重新测试。

②记录以秒为单位，取两位小数。

(2)位移速度测量

测量项目：50米跑，10米×4往返跑。

测量器材：100米跑道。

测量方法：记录跑完全程的时间（精确至0.1秒），取最好成绩。以秒为单位，保留1位小数。

注意事项：

①同属性速度测量不能互相取代。

②受测者穿运动鞋，不得穿钉鞋。

③注意运动安全。

2. 力量素质测量

(1)握力

测量器材：受测者选择与手掌大小合适的握力计（型号为大、中、小）。

测量方法：受测者左（或右）手持握力计尽力抓握，左、右手各测两次。

注意事项：身体正直，双臂自然下垂。

评价方法：每次抓握后，记录握力计指针读数（千克）。

评价标准：读数越高，说明握力越大。

(2)屈膝仰卧起坐

测量器材：电子测试仪。

测量方法：受试者全身仰卧于平坦垫上，两腿稍分开，屈膝90°，双手头后交叉抱头，同伴压受测者踝关节固定。"开始"口令后，受测者在1分钟内尽量完成多次的仰卧起坐。

注意事项：

①动作正确，否则不记成绩。

②计数人员随时向受测者报告完成次数。

评价标准:单位时间内正确完成仰卧起坐次数越多,说明力量素质越好。

3. 耐力素质测量

测量项目:800米跑(女),1000米跑(男)。
测量器材:400米田径场、秒表、发令枪(旗)、记录表等。
测量方法:站立式起跑,以最快速度跑完规定距离。测验1次。
评价方法:完成时间越短,说明耐力素质越好。

(四)柔韧素质

1. 立位体前屈

测量器材:木凳(高40厘米),以凳面为零点、刻度尺、记录表等。
测量方法:受试者站在木凳上,并腿,直膝,上体前屈,双手尽量向下触刻度尺。中指尖触摸最大值为测验成绩(厘米),测验3次。
注意事项:
(1)受测前可做热身。
(2)注意运动安全,避免猛用力前屈,以免肌肉拉伤。
评价标准:数值越大,说明柔韧素质越好。

2. 坐位体前屈

测量器材:电子测试仪。
测量方法:受测者直腿坐于电子测试仪上,双足跟置于基准线,两脚相距15厘米,上体尽量前屈,指尖向前推动桡度尺的引尺,测验3次。
注意事项:
(1)上体不得左右摆动。
(2)双手中指不得离开引尺。

评价标准:数值越大,说明柔韧素质越好。

以学生群体为例,立位/坐位体前屈的评价标准见表9-3、表9-4。

表9-3 立位体前屈测验评价标准 （单位:厘米）

性别	年龄(岁)	P_{10}	P_{25}	P_{50}	P_{75}	P_{90}	P_{97}
男	7	−1.5	1	4.1	7.3	10.0	13
	8	−1.5	1.3	4.4	7.5	10.5	13.5
	9	−2.0	1.1	4.5	7.7	10.5	13.5
	10	−2.4	1	4	7.5	10.4	13.4
	11	−2.8	1	4.1	7.6	10.8	14
	12	−2.9	1	4.5	8	11.5	14.8
	13	−2.0	1.4	5.2	9.1	12.5	16
	14	−1.2	2.4	6.8	10.9	14.4	18.1
	15	0.5	4	8.3	12.4	16.1	20
	16	0.8	4.9	9.8	14	18	21.5
	17	1	5.7	10.5	15	18.8	22.2
	18	1.2	6	10.6	15.4	19.5	23.3
	19	0.8	4	10	15	19.5	23
女	7	0.5	3	6.3	9.8	13	15.7
	8	0.5	3.1	6.5	9.9	13	16
	9	0.2	3	6.4	9.8	13	16
	10	0	2.6	6	9.5	12.5	16
	11	0	3	6.3	10	13.3	16.6
	12	0	2.9	6.8	10.4	14	17.8
	13	0.4	3.7	7.6	11.3	15	18.2
	14	0.9	4	8.1	12.1	15.9	19.3
	15	1.2	5	9	13	18.7	20
	16	1.2	5.4	10	14	17.8	21
	17	1.5	5.9	10.5	14.5	18	21.5
	18	1.5	6	10.5	14.7	18.2	21.8
	19	1.3	5.3	10.4	14.6	18.6	21.7

表 9-4 学生坐位体前屈测验评价标准　　　（单位：厘米）

项目		优		良		及格		不及格	
		100 分	90 分	87 分	75 分	72 分	60 分	50 分	10 分
小学五、六年级	男	13.3	10.8	10.1	5.4	4.6	−1.3	−1.9	−6.2
	女	15.9	13.3	12.6	7.4	6.6	0.7	0.2	−3.4
初中一年级	男	15.2	12.5	11.8	6.6	5.7	−0.5	−1.1	−5.7
	女	17.5	15.0	14.2	8.7	7.8	1.2	0.6	−3.3
初中二年级	男	17.3	14.4	13.6	8.1	7.1	0.1	−0.6	−5.8
	女	18.6	15.9	15.1	9.4	8.5	1.6	1.0	−3.2
初中三年级	男	19.2	16.1	15.3	9.5	8.5	1.2	0.5	−4.1
	女	19.3	16.7	15.9	10.2	9.2	2.2	1.6	−2.4
高中一年级	男	20.8	18.0	17.1	10.8	9.7	1.7	1.0	−3.8
	女	20.3	17.8	17.0	11.0	10.0	2.3	1.9	−1.4
高中二年级	男	21.5	18.8	17.9	11.8	10.6	2.2	1.5	−3.5
	女	20.7	18.0	17.2	11.6	10.5	2.7	2.2	−1.7
高中三年级	男	22.5	19.5	18.6	12.1	10.9	2.7	2.1	−2.2
	女	21.0	18.2	17.4	11.7	10.6	2.7	2.2	−1.2
大学	男	23.0	19.8	18.9	12.5	11.3	3.0	2.4	−2.0
	女	21.1	18.6	17.7	11.3	10.1	1.7	1.5	0.2

第三节　全民健身服务体系的构建及运行

一、全民健身服务体系构建策略

（一）增强全体人民健身意识

政府在全民健身工作开展引导和全民健身服务体系建设中起到带头作用，政府应当将"全民体育""体育惠民""体育育人"

"终身体育"等主导思想融入公共服务工作,从思想上认清全民健身服务的重要性。[①]

体育行政部门和基层群众体育组织,要大力宣传全民健身的意义与益处,结合广大人民的体育健身需求,开展形式多样的群众性体育活动,营造良好的社会体育健身氛围,不断吸引更多的人参与体育健身锻炼。

(二)加强全民健身基础设施建设

健身基础设施建设是全民健身服务体系的重要内容,也是对群众健身体验有关键影响和起到决定性影响的因素。

目前,我国的全民健身基础设施和以往相比在数量、质量上有了很大的改善,但是仍不能满足当前我国广大人民群众日益增长的体育健身需求。在当下和未来一段时期内,要重点解决我国部分地区的健身场地设施匮乏问题。

在大中城市,我国新建居民小区文体设施应纳入城建规划同步进行,在小区建设与规划时,一定要留出适当空地。对尚无体育设施的已建成小区,应按规定考虑补建。

在广大农村地区,国家应给予财政拨款和政策优惠,适当减免税收,并充分利用社区内企事业机关、学校的体育场地设施,扩大面向公众的健身开放率,缓解健身需求与健身场地设施不足的矛盾。

(三)发挥各级体育行政与服务职能

新时期,要建立自上而下的健身服务体系。在基层,街道办事处和村委会开展群众体育的形式要逐步转向社区化、突出本村特色,使居民和村民对街道、社区、村委具有认同感、归属感、共同参与社区体育,尽可能地调动各方力量与积极性,综合各方优势,完善服务职能。

---

① 程亦炜.全民健身背景下的公共体育服务体系构建研究[J].当代教育实践与教学研究,2017(7):274.

1. 体育活动服务

(1)县级公共文化体育机构每年举办综合性全民健身活动(运动会)1次。

(2)乡镇(街办)依托综合文化体育中心举办体育活动不少于5次。

(3)城乡居民依托公共设施就近参加各类文体活动。

(4)开展健身讲座、健康科普、体育指导员培训均至少1次。

(5)免费开放室外体育设施。

(6)开放有条件的公办学校体育场地设施。

2. 体育社会组织服务

(1)每个县成立体育总会、老年体育协会、农民体育协会、社会指导员协会及若干个单项体育协会,即体育社会组织"4+X"。

(2)每10万人拥有民政部门注册的体育社会组织2个。

(3)体育社会组织参与体育指导每年不少于2次。

3. 科学指导服务

(1)每个村(社区)拥有全民健身活动站点至少1个。

(2)每个全民健身活动站点有社会体育指导员提供免费健身指导服务。

(3)每个县成立体质监测机构、监测队伍、监测点,并配备监测仪器设备。

4. 体育信息服务

(1)提供全民健身信息宣传平台。

(2)提供全民健身政策、法规信息服务。

(3)提供全民健身知识信息服务。[①]

[①] 杨建设.新时代全民健身公共服务体系及标准的构建[C].第四届全民健身科学大会论文摘要集,2018:248-249.

(四)加强健身环境与资源优化配置

全民健身受多种因素影响,要重视对这些影响因素的条件与环境优化,如广阔健身空间、良好卫生环境质量可满足大众健身的空间、环境要求;全民健身公共服务受国家经济实力的限制,国家经济实力越强,可用于全民健身的财政支出越多,全民健身公共服务的发展越好。[1] 全民健身环境的完善涉及各个方面(图9-2),需要各级政府和相关部门积极配合,同时要发挥全社会力量构建良好健身环境。

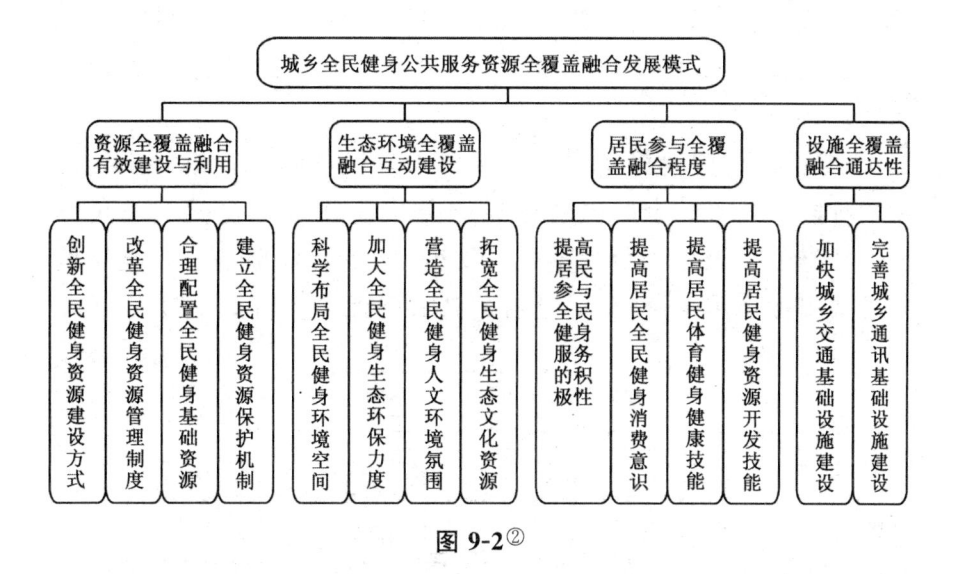

```
                城乡全民健身公共服务资源全覆盖融合发展模式
    ┌───────────────┬────────────────┬──────────────┬──────────────┐
  资源全覆盖融合      生态环境全覆盖       居民参与全覆       设施全覆盖
  有效建设与利用      融合互动建设        盖融合程度        融合通达性
    │                   │                 │               │
  创新全民健身资源建设方式  科学布局全民健身环境空间  提高居民参与全民身服务的积极性  加快城乡交通基础设施建设
  改革全民健身资源管理制度  加大全民健身生态环保力度  提高居民全民健身消费意识     完善城乡通讯基础设施建设
  合理配置全民健身基础资源  营造全民健身人文环境氛围  提高居民体育健身技能
  建立全民健身资源保护机制  拓宽全民健身生态文化资源  提高居民健身资源开发技能
```

图 9-2[2]

此外,全民健身的对象是人,受人影响。全民健身组织、管理人才以及社会体育指导员队伍的建设,对全民健身的持续推进有重要影响,加强全民健身,应注重健身人才的培养与人才资源的管理。培养具有从事社区体育工作能力的复合型体育人才。体育行政部门应承担社区体育干部、社会体育指导员的培训职能,

---

[1] 蔡小林.社区全民健身公共服务体系评价指标构建[C].中国体育科学学会体育社会科学分会会议论文集,2018:22-29.

[2] 黄义军,翟东波.全民健身公共服务体系研究现状及发展策略[J].西安体育学院学报,2017(4):189-194.

着力提高社会体育工作者的素质与能力。通过发挥体育人才的作用,来增强大众健身意识、营造社会健身文化、指导群众科学参与体育健身活动。

二、全民健身服务体系的科学化机制构建与运行

(一)构建全民健身公共服务均衡发展运行机制

要构建与完善全民健身公共服务体系,就必须整合一切与体育健身有关的资源,向全体公民提供基本的体育公共服务产品和体育公共服务的保障体系,确保广大人民群众的体育健身权的实现。

现阶段,构建全民健身公共服务均衡发展的运行机制正处于探索阶段。完善的全民健身公共服务均衡发展运行机制应包括全民健身公共服务供给侧系统、(城市、城乡结合部、农村)全民健身公共服务享用系统、全民健身公共服务保障监督系统(图9-3)。

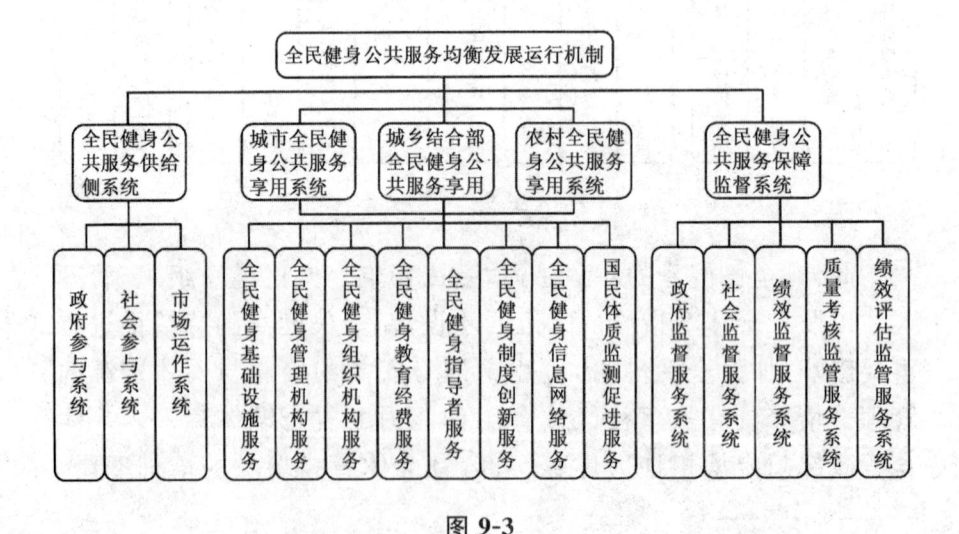

图 9-3

(二)构建全民健身公共服务体系制度执行运行机制

全民健身公共服务制度执行运行机制的建立,有助于确保全

第九章　全民健身服务体系构建

民健身各项公共服务活动的顺利、有序开展。

全民健身公共服务是否良好,受多种因素的影响,这些影响因素都应该包括在全民健身公共服务体系的制度内容中,通过计划性、权威性的制度引导与监督,确保全民健身公共服务体系的不断健全与完善。

目前,体育理论界对构建全民健身公共服务体系制度执行运行机制的研究大多只是在理论层次上的表述性解释,在借鉴研究基础上,有学者指出了如图 9-4 所示的构建出全民健身公共服务体系制度执行的运行机制,[①]这一机制是否切实可行并能取得良好效果,还有待于实践去检验。

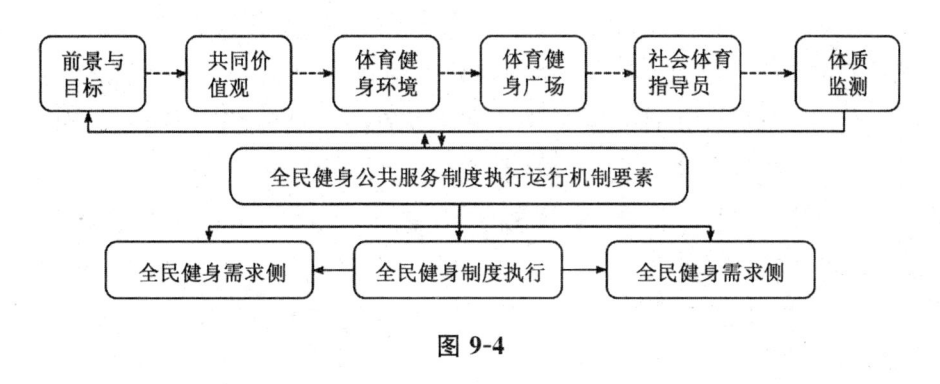

图 9-4

---

① 黄义军,翟东波. 全民健身公共服务体系研究现状及发展策略[J]. 西安体育学院学报,2017(4):189-194.

参考文献

[1]"健康中国2030"规划纲要[Z].北京:人民出版社,2016.

[2]国家体育总局.中国体育年鉴(1996)[R].北京:中国体育年鉴社,1999.

[3]蔡小林.社区全民健身公共服务体系评价指标构建[C].中国体育科学学会体育社会科学分会会议论文集,2018:22-29.

[4]杨建设.新时代全民健身公共服务体系及标准的构建[C].第四届全民健身科学大会论文摘要集,2018:248-249.

[5]国家体育总局.全民健身指南[M].北京:北京体育大学出版社,2019.

[6]赵新世.全民健身体系及其实现路径研究[M].北京:水利水电出版社,2019.

[7]李相如,苏明理.全民健身导论[M].北京:高等教育出版社,2008.

[8]李相如.全民健身研究新视点[M].北京:北京体育大学出版社,2008.

[9]樊炳有.社区体育论[M].北京:北京体育大学出版社,2003.

[10]隋路.中国体育资源配置效率研究[M].北京:社会科学文献出版社,2011.

[11]郭亚飞,刘炜.社会体育学[M].北京:北京师范大学出版社,2012.

[12]裴立新.全面小康社会多元化全民健身服务体系[M].北京:北京体育大学出版社,2003.

[13]邓树勋,王建,乔德才.运动生理学(第3版)[M].北京:

高等教育出版社,2015.

[14]王杨,张林.医用运动生理学[M].北京:中国医药科技出版社,2010.

[15]王瑞元,苏全生.运动生理学[M].北京:人民体育出版社,2012.

[16]杨翼,李章华.运动性疲劳与防治[M].北京:北京体育大学出版社,2008.

[17]毛志雄,迟立忠.运动心理学[M].北京:中国人民大学出版社,2015.

[18]廖彦罡.高校运动训练理论与管理研究[M].北京:中国书籍出版社,2014.

[19]于立辉.形体训练[M].北京:北京交通大学出版社,2017.

[20]朱萍.体育舞蹈[M].杭州:浙江大学出版社,2016.

[21]李桂琴.形体训练·健美操·体育舞蹈[M].西安:西安电子科技大学出版社,2016.

[22]姜涛.乒乓球教育[M].长春:吉林大学出版社,2010.

[23]汤信明.现代足球教学与训练[M].武汉:华中科技大学出版社,2012.

[24]傅浩坚,杨锡让.社会体育指导[M].北京:高等教育出版社,2012.

[25]周兴伟.社区健身活动[M].北京:中国社会出版社,2007.

[26]国家体育总局武术研究院.武术功法[M].北京:高等教育出版社,2018.

[27]蔡仲林,周之华.武术[M].北京:高等教育出版社,2016.

[28]曲小锋,罗平,白永恒.民族传统体育研究[M].北京:中国商务出版社,2007.

[29]汪珂永.中华传统武术文化及传承[M].北京:光明日报出版社,2016.

[30]王德民,林连杰,李伟.全民健身下城市居民户外体育锻炼现状及对策研究[J].西部皮革,2019(16):85.

[31]高智,薛虎,朱礼才.试论互联网视角下全民健身需求发展的新路径[J].辽宁科技学院学报,2019,21(4):65-66.

[32]于永慧."全民健身"与"健康中国"的理论阐释和政策思考[J].北京体育大学学报,2019,42(2):26.

[33]朱小龙.我国体育彩票业政府规制改革思路[J].武汉体育学院学报,2012,(46)12:34-38.

[34]黄义军,翟东波.全民健身公共服务体系研究现状及发展策略[J].西安体育学院学报,2017(4):189-194.

[35]程亦炜.全民健身背景下的公共体育服务体系构建研究[J].当代教育实践与教学研究,2017(7):274.

[36]黄喜燕.全民健身研究的知识图谱分析[D].成都:成都体育学院,2018.

[37]武会利.公益性全民健身服务体系的建立与运行机制研究[D].武汉:武汉体育学院,2009.